蒙田：生活是一辈子的事

大师开讲

薛玉楠 编著

全国百佳图书出版单位
时代出版传媒股份有限公司
黄山书社

图书在版编目（CIP）数据

大师开讲·蒙田：生活是一辈子的事 / 薛玉楠编著. -- 合肥：黄山书社，2014.5

ISBN 978-7-5461-4439-9

Ⅰ. ①大… Ⅱ. ①薛… Ⅲ. ①蒙田，M.E.（1533 ~ 1592）-语录 Ⅳ. ①K811

中国版本图书馆 CIP 数据核字（2014）第 078098 号

DASHI KAIJIANG · MENGTIAN SHENGHUO SHI YIBEIZI DE SHI

大师开讲·蒙田：生活是一辈子的事 薛玉楠 编著

出 品 人 任耕耘
选题策划 任耕耘 杨 雯
责任编辑 张月阳
特约编辑 李晓阳 赵迪秋
装帧设计 齐 娜
出版发行 时代出版传媒股份有限公司（http：//www.press-mart.com）
黄山书社（http：//www.hspress.cn）
地址邮编 安徽省合肥市蜀山区翡翠路 1118 号出版传媒广场 7 层 230071
印 刷 安徽国文彩印有限公司
版 次 2015 年 6 月第 1 版
印 次 2015 年 6 月第 1 次印刷
开 本 880mm × 1230mm 1/32
字 数 130 千
印 张 8.25
书 号 ISBN 978-7-5461-4439-9
定 价 28.00 元

服务热线 0551-63533706
销售热线 0551-63533761
官方直营书店（http：//hsssbook.taobao.com）

目录

闲话人生的艺术家（代序）/ 1

第一章　哲理与情感 / 1

第二章　生活与处世 / 97

第三章　家庭与教育 / 157

第四章　自然与宗教 / 201

第五章　语言与人生 / 231

闲话人生的艺术家（代序）

米歇尔·德·蒙田（Michel de Montaigne，1533—1592），文艺复兴时期法国作家，有《随笔集》《意大利之旅》等作品传世。蒙田写作的目的，恰如其在《随笔集·致读者》中所言，旨在“以自己的亲身经历寄语亲朋好友，作为处世之道而已”。如何正确对待人生中的苦与乐，如何处理人与家庭的关系，如何与自然、宗教和谐相处，在蒙田的作品中，我们都能找到答案。蒙田就像我们的人生导师，不断传授给我们“承受和战胜这些苦难的方法”，告诉我们什么是“好好生活与好好信仰的规则”（《论维吉尔的几首诗》）。

蒙田不仅自己是一位生活的艺术家，他还“乐意把处事谨慎的经验传给后来者”（《论意志的掌控》），以使我们每一个人都“活得幸福”（《论悔恨》）。

人生无疑是苦乐交织的历程，如何正确对待人生中的苦与乐，是每个人都必须面对的问题。蒙田不是禁欲主义者，他主张“对我们一生中追求的欢乐，必须给予更大的时空”（《论饮酒》）。人的一生充满苦难，若不能享受当下，生命便是沉重的负担。享受生命，享受知识、乐趣、友谊和家庭的温馨，既能丰富和充实自己，也是对生命的回报。然而，“人不可能总是躲着痛苦，也不可能总是追求欢乐”（《雷蒙·塞邦赞》），享受欢乐与承受痛苦，皆是人生的必修课。蒙田认为“享受生活需要技巧”（《论阅历》），同样，正确对待苦乐亦需要人生的大智慧。

在蒙田书房天花板下的四十五根柱子和两条横梁上，刻着大量的希腊语和拉丁语格言，其中一条引自古罗马诗人卢卡努的作品，“保持分寸，遵守界限，顺其自然”。蒙田想用这句话提醒自己，也告诉后人，人生在世，只须做好自己该做的事，剩下的就顺其自然吧，这样人生就不会有那么多的不快乐。

蒙田主张享受人生，但更强调“光明正大地享受自己的存在”（《论阅历》）。个人的享受，既要有所节制，又要遵循社会和自然的法则；既不伤害自己，也不伤害他人。除了理性地享受，蒙田还提倡理性地面对苦难。对于苦难，蒙田认为，人生应该经历苦难，战胜苦难，但是，在苦难面前不懂得转身的人，也并不值得赞扬。面对苦难时，“要利用人生艺术不去深究其原因，避开其锋芒”（《论意志的掌控》）。避开锋芒的方式有很多种，蒙田对自残和自杀行为给予了无情的鞭笞。他写道，“并不是所有的挫折都值得用死亡去回避”（《塞亚岛的风俗》），而自残是“可怖的禽兽”行为（《论维吉尔的几首诗》）。“大自然规定生命的入口只有一个，生命的出口却有成千上万”（《塞亚岛的风俗》），面对苦难，最要紧的是找到正确的“出口”。

人与自然的关系，亦是蒙田关注的重点。尊重自然，爱护自然，回归自然，是蒙田的自然观，其观点对于生活在当下工业社会的人们，无疑具有警醒作用。蒙田对人类的自以为是给予了批判，对自然界中动植物所禀有的神性给予了赞美。植物为我们遮风挡雨，动物则是我们的老师。蚂蚁持家，老虎不欺弱小，战马流泪，义犬追捕杀害主人的凶手，大象忏悔自己的过错，人类所有美好的情感和高尚的品性，动物都具备。人并不比动物更伟大，我们和动物一样，皆有自身的脆弱，皆有生命的苦痛，皆有饥寒冻馁之忧。人应该和大自然相亲相爱，和谐共处。和谐发展的自然界是人类的休憩之所，是人类痛苦和欢乐的见证者，是人类幸福生活的根基。

蒙田关于人生、自然、宗教的论述颇多，我们无法面面俱到，只能简而述之，然其目的只有一端，那就是“活得幸福”。蒙田热爱艺术，更热爱生活。在《论身体力行》中，他写道：“生活就是我的工作、我的艺术。”蒙田用自己的生活为我们树立了艺术生活的典范。

蒙田的文字最大的特点在于以随笔的方式讲述生活哲理。看似闲话家常，读来风趣幽默，让读者总能从字里行间品出足以指导生活的大智慧。著名社会学家李银河教授如是评价蒙田：“他只是凭着自己的感悟写作，写大白话，从不自作高深，从不拉起一个学问家的架子唬人。”蒙田认为，关于人文的书没有理由写得艰涩而枯燥，表达智慧并不需要特殊的语汇和句型，读者也不会从厌倦中得到任何好处。

因此，蒙田提到的生活困惑，说起的平常小事，大多是我们每个人都曾感受到，也曾经历过的，故其作品读来亲切，品来有味。

本书篇幅有限，仅摘取了蒙田智慧箴言中的一部分，编为五个章节，分别为“哲理与情感”“生活与处世”“家庭与教育”“自然与宗教”“语言与人生”。阅读蒙田，我们必将有所取资，有所借鉴，“以此作出判断，调整自己的人生”（《论儿童教育》）。

第一章 哲理与情感

人生第一关键处，即明达事理、驾驭情感。而后才能理性处事，平和待人。理智与情感二端，是心府之筋骨，魂魄之精髓。心灵美的人，内心有一把尺子。他懂得理性的价值，遵循万物运行的法则；他在内心埋下公正和美德的种子，热爱名誉，做好事不求回报；他追求良心的安宁，享受人生的从容。心灵美的人，不是情感的奴隶，而是自己的主人。他懂得享受人生的乐趣，节制人生的苦痛；他乐观看待困难，弃绝人生对未知的恐惧；他知道所有的努力皆在当下，生活需要困境中的坚守；他知道倾听灵魂的声音，也不忘记身体的呐喊。人生是情感与理智、身体与灵魂并辔而行的旅程，只有相辅相成、相互促进，才能善待生命，好好生活。

从灵魂开始做人

可是也要看到我们的心灵战胜肉体的可怜与软弱，那是肉体受到了各种各样的侵蚀和衰变；说真的，心灵是有理由去议论肉体的。（《论分心移情》）

身体是运载灵魂的河流。我们与人交往，我们穿越城市，我们从荒漠深入密林，都是灵魂的历险。额头上可以生出皱纹，但不要让皱纹爬满灵魂，灵魂才是我们真正的主人。“心之精爽，是谓魂魄。魂魄去之，何以能久？”（《左传·昭公二十五年》）“先立乎其大者，则其小者弗能夺也”（《孟子·告子上》），夯筑灵魂，就是夯筑人生。

直立的心灵

佝偻的身材背不起重担，心灵也是如此。必须让心灵开朗飞扬，顶住压力。因为如果心灵害怕就永远不会安宁。一旦心灵安宁了，它就可以自豪地说，焦虑、恐惧甚至微不足道的烦恼都不足以干扰它。（《探讨哲学就是学习死亡》）

人生是艰辛的。我们伏案，我们弯腰，我们伸直手臂，我们匍匐在地，这是我们工作和生活的常态。身体可以扭曲，灵魂却必须展翅飞扬。幸福的人生，是一场灵魂直立行走的旅行。涵养一颗温婉而平和的心，才能坚定而执着，不骄不躁，不喜不悲。

独处与自我

大自然赐予我们一个极大的天赋，那就是善于独处，还经常敦促我们这样做，并告诫说，我们的一部分得益于社会，我们的最好部分得益于自己。（《论揭穿谎言》）

不同的人追求不同的存在方式。有人钟爱喧嚣，有人迷恋静默。在人群中有最孤独的灵魂，在荒野中有最富足的生活。但无论如何，一个人必须学会回归自我，和自己独处。与自我和平相处，才能和世界和平相处。

感觉与内心

肯定感觉是不会错的，应该让感觉发挥作用，我们发现这里面有差别和矛盾，应该到其他地方找寻原因；即使编造谎言和遐想（他们竟出此下策），也不能责怪感觉。蒂马哥拉斯发誓说，他眯紧眼睛或乜斜眼睛，从来没有见过烛光的重影。出现重影不是目光不对，而是看法不对。（《雷蒙·塞邦赞》）

奥地利小说家卡夫卡写道：“如果人家没有良好的意愿，我是无法为自己辩护的。”（《失踪者》）同样，你无法说服一个心存偏见的人。感觉、外在的语言和行为，都是内心的反映。内心是外在的根源，内心是倾斜的，则世界是倾斜的。

内心的基石

有识之士认为，只要自己在，就什么都没有失去。

当诺拉城被蛮族摧毁时，波利努斯主教失去一切，也当了俘虏，他向上帝这样祈祷："主啊，不要让我感觉这场损失，因为神知道他们丝毫没有触动我的根本。"使他内心丰富的财富，使他心地善良的善事都还完好无损。要会选择真正的宝藏，它们不会遭受天灾人祸，深埋在谁也不能走近、除了我们谁也不会泄露的地方。

我们需要的是妻子、孩子、财产，尤其重要的是尽量保持健康；但是对这些不能迷恋得让我们的幸福都依赖于此。应该给自己保留一个空间，由自己支配，建立我们真正自由清静的隐居地。（《论退隐》）

人在内心夯筑基石，无论外在环境如何变迁，他都能够生存于安稳之处。内心的宝藏，是幸福人生最坚实的基石。

内心井然有序

内心一切保持井然有序，这是一种美妙的人生。人人都会当众演戏，在舞台上扮演正人君子，但是在一切都可自由自在、不为人知的内心，做到中规中矩，这才是要点。接着可做的是使家庭、日常起居保持井然有序——那也是我们无须向人说明理由，不用做作，不用矫饰的地方。（《论悔恨》）

一个人的行为是内心世界的外在表现。佛经《入菩萨行论》云："唯应伏此心，何劳制其余。"生活应该是简单的，但这是从内心深处向外行走的结果。

自我的尺子

主要是我们这些人，深居简出，心中必须树立一套行为准则，以此自律，根据这个准则自勉或自责。我有自己的法律和法庭审判自己，有事在这里而不去别处告状。我根据别人的看法约束我的行动，但根据自己的看法来扩展我的行动。只有你自己才知道自己胆小还是残酷，忠心还是虔诚；别人看不透你，他们只是用不确定的假设来对你猜测；他们看到的大多是你的表现，不是你的本性。因此不要在乎他们的判决，而在乎你自己的判决。（《论悔恨》）

一个人应该在内心树立自我的准则、道德的准则、行事的准则。准则是我们心中的一把尺子，既可以丈量他人，也可以丈量世界。人有了自己的尺子，为人处世才懂得取舍，才能“从心所欲不逾矩”（《论语·为政》）。

你的心“软”吗？

轻易相信别人与被别人说服，被我们归之于单纯和无知，或者这不是没有道理的。因为从前好像听说过，“相信”犹如心灵上的一道痕迹，心灵愈软愈松，愈易留下印记。心灵愈空愈没有分量，一有论点压上去，就会轻易下沉。这就是为什么儿童、庸人、女人和病人最容易偏听偏信。但也有一种愚蠢的自大狂，对一切不敢相信的事都轻蔑地斥之为胡说。这是自认为智力过人者的通病。（《凭个人浅见去判断真伪，那是狂妄》）

心灵空虚的人，内心没有树立自我的准则，缺乏主见，常失之于轻信；内心顽固的人，拘囿于自我，用自己做尺子衡量世界，常失之于自大。

人应该在内心树立公正的信念、公平的原则，遵从理智，才能无所偏颇。

习惯与生活方式

生活习惯形成我们的生活方式，方式必须符合习惯的需要，方式完全听命于习惯。（《论阅历》）

一个年轻人应该打乱自己的规则去激发自己的活力，防止衰退、沉湎。靠规则与纪律约束的生活方式是最蠢、最脆弱的生活方式。（《论阅历》）

我们必须采纳最好的规则，但是不要被它们奴役，除非哪一条是绝对必要遵从的。（《论阅历》）

俗语云："大体则有，具体则无。"在不违背内心基本准则的前提下，适当地突破习惯，也是生活的一种乐趣。

生活是一辈子的事

不能从一件英勇行为而作出那人是勇士的结论。真正的勇士在任何场合都可以有英勇行为。如果这是一种英勇的美德，而不是一种英勇的表现，这种美德会使一个人在任何时机都表现出同样的决心，不论是独自一人还是与人共处，不论在私宅还是在战场；因为，无论如何，不存在什么一种勇敢表现在大街上，另一种勇敢表现在军营中。（《论人的行为变化无常》）

生活存在于大街上、菜市场里、餐桌旁，在每一段与他人共处或独处的时光中。所以，要想在生活中真正认识一个人，或者真正成为一种人，是一件很难的事。因为，生活不是瞬间的表演，而是一辈子的事。

检测灵魂的保质期

此外，应该在这里，在我们的体内，而不是其他地方，去考虑灵魂的力量和效果；其他什么完美性都是虚的和无益的。灵魂的不朽性应该在目前的状态下得到承认和体现，也只有这样对人的一生才是有价值的。（《雷蒙·塞邦赞》）

我们对生命价值及其崇高性的体认，应该体现在我们当下的生活状态中。当下的每时每刻，都是对灵魂不朽性的检测。一个好人，应兢兢业业、如履薄冰，每时每刻都是好人。

在暗夜里做好事

卡涅阿德斯说:“假定你知道有一条蛇躲在这个地方,有一个人若死去可以让你得益,他不假思索地坐在了那里,你不关照他,你就是做了一件坏事,你的行为只有你一人知道,这只会加重你的罪行。”如果不以主动做好事作为一条戒律,如果不被惩罚就是合法,那我们每天会听任自己去干出多少坏事来!(《论荣誉》)

谁要是只为了让大家知道而去做好事,这样的人大可不必对他有多少期望。(《论荣誉》)

做好事,是一种生活方式。一个纯正的好人,不屑摇旗呐喊,不屑自我标榜,不屑用自己的生活进行炒作。做好事,既安于喧嚣处,亦安于静默处;既在正午的阳光下,也在漆黑的永夜中。

美德与苦难

遇到任何变故也不能背离生活的美德；美德寻求不幸与痛苦作为养料。（《塞亚岛的风俗》）

蒙田有言：“高尚的事无一不是冒着风险去做的。”（《相同建议产生不同结果》）美德不在于顺势而为，而在于在苦难和困境中的坚守。苦难是美德的砥砺石。

美德是纯粹的

美德行为也不像个美德行为，徒有其表，毫无其实，因为导致我们去做的竟是利益、荣耀、恐惧、习惯和其他与美德无关的原因。我们现在实行的正义、勇敢和好意，由于涉及他人和在公众面前的形象，也可以称为美德；但是从做的人来说根本不是美德，那是另有目的，另有动机。美德就是为美德而做的，不掺杂其他因素。（《论小加图》）

“新酿四壶，开尝如宿昔，香味醇冽，有京洛之风。”（宋·苏轼《与张朝请书》）纯粹的酒，不含杂质，才会有醇冽的香味。纯粹的美德，只是为美德而做，才是真正的心灵的操练。

好事本身就是对做好事的报偿

“做了好事，就是对做好事的报偿”（古罗马·塞涅卡），“服务的果实即是服务本身”（古罗马·西塞罗）。一位画家或其他艺术家，甚至一位修辞学家或语法学家，他们创作是为了成名，或许还情有可原。但是做有道德的事本身就非常高尚，不能在实现它们的价值以外再索取其他的报偿，尤其是在人们的妄评中寻求报偿。（《论荣誉》）

《金刚经》云：“须菩提，菩萨所作福德，不应贪著，是故说不受福德。”

佛度众生，不求福德，是为福德。众生被度，即是福德。施予者，内心得平和；得到者，困顿得帮助。好事本身，就是对做好事最大的报酬。

良心的追索

柏拉图认为，惩罚紧紧跟在罪恶的后面。赫西俄德纠正了柏拉图的说法，他说惩罚是与罪恶同时开始的。谁在等待惩罚，就在受惩罚；谁该受惩罚，就在等待惩罚。恶意给怀恶意的人带来痛苦……犹如胡蜂刺伤了人，但是自己受害最深，因为它从此失去了自己的刺和力量。（《论良心》）

蒙田在《论悔恨》中说：“悔恨若放在天平上，重量必然超过罪恶。”良知是内心的法庭，它会让人在某一个瞬间幡然悔悟，狠狠地击倒自己。不要做坏事。因为现在的罪行，必然要在未来受到良心的追索。

良心的安宁

不顾死活的坏人有时也会逍遥法外，但是决不会感到怡然自得。一个人觉得自己不受当今坏风气的影响，还可对自己说以下这样的话：“谁看到我的灵魂深处，也发现不了我有什么罪过；既没有让人痛苦和破产，也没有报复与嫉妒心理；既没有公开触犯法律，也没有标新立异制造混乱，说话不足为凭。虽然糜烂的时代教唆人胡作非为，我可没有侵占别人财产，把手伸进哪个法国人的钱包，不论战时与平时都自力更生，也不曾无偿地利用别人的劳动。”能这样说不只是一桩小小的乐事，而是证明良心安宁，听了让人开心。这种来自天性的欢欣对我们有极大的好处，也是唯一不会令我们失落的报酬。（《论悔恨》）

纯粹的灵魂，才能安睡；良心的安宁，才是最好的人生。

舒服与公正

在色诺芬的书里，曼达娜要居鲁士说一说最后一课书的内容。居鲁士说：“在我们学校有一个大男孩，穿了一件小衣服，他把小衣服脱下给了他的一个小个子同伴，再去脱下小个子身上穿的较大的衣服。我们的教师要我给这场争吵评评理，我说事情这样很好，两个人穿了好像都感到更舒服；他教育我说我错了，因为我只考虑舒服。首先应该考虑公正，公正要求谁都不可以强求属于他人的东西。”（《论学究式教育》）

纯粹的理念世界和生活的现实世界之间，存在着不可逾越的鸿沟。如果不是出于对方的自愿，即使你的行为能给对方带来益处，也违背了公正的原则。“你以为”，并不是一切行为的理由。

好心亦需节制

好意若不加以节制引导，会使人做出后果恶劣的坏事，这也是屡见不鲜的。（《论信仰自由》）

过度的好心和照顾，并不是真正的帮助。因为你不是其他人，你并不知道他们到底需要什么。

选择的困惑

看到一个人在两个同样诱人的欲望之间，思想上摇摆不定，这情境是很有趣味的。因为他会永远拿不定主意，这是无可置疑的，尤其爱好与选择具有不同的价值观。有人把我们置于一瓶酒与一块火腿之间，而我们又想喝酒又想吃火腿，那除了渴死与饿死之外没有其他法子。（《我们的思想如何自我限制》）

美国诗人弗罗斯特在《林中路》中写道："黄色的树林里分出两条路，可惜我不能同时去涉足。"一句话既道出了选择的困惑，也点明了面对选择应有的智慧，即坦然接受人生"二者不可得兼"。人要懂得得失，学会取舍，才能有所收获。

欲望持恒

他们注意到人性中最大的罪恶是欲望日日变幻不定。我们一直想要重新开始生活。我们的学习与欲望有时候应该显出老态。我们一脚已踩在坟墓里，欲望与追求则刚刚开始。（《凡事皆有其时机》）

人像跳跃的猴子，今天想抓住事物甲，明天想抓住事物乙。我们总是在否定自己，希望在否定中找到一条穿越时间的捷径。“岁月如宿昔，人事几反覆”（宋·苏轼《罢徐州往南京寄子由》），如果没有恒定的追求，我们就会失去恒定的自己，成为时间的影子。欲望持恒，人生才能持恒。

握紧手中的舵

思想再巧妙灵活，也无法叫我们跟着一名不遵循路线规则的向导乱走乱跑。谣言、小道消息、街谈巷议满天飞之际，我们不知道何去何从，又怎么能够选择一条安全可行的道路呢？我们不要给自己确定这么一个漂移不定的目标，而应该跟着理智走。……古代一名水手在一场暴风雨中对海神尼普顿说："神啊，你一念可以叫我活，你一念也可以叫我死；但是我始终牢牢掌握我的舵。"（《论荣誉》）

不论人家对我们说什么，不论我们听到什么，必须永远记住这一点：给的是人，接受的也是人。是人的手交给我们的，也是人的手接受下来的。（《雷蒙·塞邦赞》）

在当今这个信息大爆炸的时代，我们应该听什么、信什么，是一件很难抉择的事。蒙田为我们提供了一个简单又充满智慧的方法：听从自己的内心，相信自己的理智。只要握紧手中的舵，"任尔东西南北风"。

理智与利益

世上很少事情我们能够给予一个诚心诚意的判断，因为世上很少事情我们不多多少少掺有个人利益。地位的优势与劣势，控制与受制，都必然挑起天性的嫉妒与抗争，它们永远在你死我活地争夺。我不相信这两者谁对谁更有权利，让理智来说话吧。当我们无法定案时，理智是铁面无私的。（《论身居高位的难处》）

人生恰若跷跷板，在利我与利他间上下起伏。要想取得平衡，或者在不平衡时守住内心的安宁，就要秉公任直，让理智出来说话。

让良心低头

一切正直之事都会选择丧失荣誉而不是丧失良心。（《论荣誉》）

荣誉是外在的衣服，良心是内在的品德。英国诗人艾略特在《空心人》中说：“我们是空心人／我们是稻草人／互相依靠／头脑里塞满了稻草。”一个内心空虚的人，若无良知充塞，就会变成一个彻彻底底的“空心人”。

当荣誉与良心抵牾时，请向良心低头！

荣誉的崇高性

但是我要说的是，即使比从前有更多的人配得上这个荣誉，也不应该滥发，宁可让该得到的得不到，也不应该让不该得到的得到，像我们不久前说的，不要让那么有用的创造失去了作用。没有一名勇士会因与许多人共享同样的东西而感到光彩的。今天不配得到这项荣誉的人，反而比谁都会故作姿态，对它表示蔑视，这是为了把自己也看作应得而未得荣誉而受到错待的人。（《论授勋》）

蒙田在《论友爱》中写道：“凡有可以比拟的东西就不是极致的。”正如卡夫卡在谈论自己的孤独时说：“我像卡夫卡一样孤独。”只有唯一的东西才是极致的。爱情如是，荣誉亦如是。人人都能得到的东西，便是人人都没有得到。

害怕失去

最聪明的哲学宗派说，没有一条道理没有它的正反两面。我有时反复琢磨一位古人对死亡表示轻视而说的那句名言：“任何好事都不能给我们带来欢乐，除非是我们要面对失去的好事。”“因失去而难过与为失去而害怕，同样伤神劳心。”（塞涅卡）这是说明人生的果实并不能使我们真正快乐，如果我们老是害怕失去的话。（《欲望因不满足而更强烈》）

英国剧作家莎士比亚在《两个高贵的亲戚》中写道：“我们为没得到的东西而欢笑，为获得的东西悲痛，仍然几乎是一群孩子。”害怕失去的人，犹如一个孩子，他用双手护住每一个玩具，他用眼睛打量屋子里的每一个人。他因为害怕而没有时间去享受玩具可以带来的快乐。

悬念的折磨

对我来说最难受的情境，就是对一些急事悬着心，处于担忧与希望之间。反复考虑，即使对付一些小事，也叫我烦，觉得自己的思想遇到犹豫不决、左右为难时茫无头绪，还不如等待时机到来时，坐下来拿个主意去解决。（《论自命不凡》）

很多时候，我们不是被事情本身打倒，而是被自己的恐惧击败。

生活需要平常心

有一位弓箭高手被判死刑，他若能出手不凡证明他的精湛技术，就可免于一死。但他拒绝去试，担心意念过于集中会失手，不但救不了自己一命，还败坏他一生百发百中的英名。

一个人在老地方散步时陷入沉思，脚步的跨度与次数总会保持一致，差异很少；但是要用心去数数量，他就会发现偶然间自然而然做到的事，用着心思去做反而做不到那么好。（《论自命不凡》）

蒙田认为："不慌不忙的平常心其实更善于、更适宜处理各种事务。"（《天下没有纯一的事》）很多事情，多于无形中成就；若用心捕捉，反而常常失之交臂。美好的生活离不开一颗坚守平常的心。

模糊亦是美

人对一切事物要问个水落石出，必然破坏自己的理解，犹如人来到漫漫的人生尽头，精疲力竭，又回到孩提时代。（《雷蒙·塞邦赞》）

人世间大事的安排不妨粗枝大叶，让其中一部分由天命去决定其结果。没有必要把事情都解释得那么透彻细致。由于世象万千，那么多的角度与形式都各不相同，人人都会无从入手：“由于把矛盾因素在脑海中前思后想，他们这些人都变成了傻瓜。”（李维）（《天下没有纯一的事》）

清代画家郑板桥用“难得糊涂”四个字，道尽了人生至理。很多事，没有必要寻根问底，咬住不放；很多人，没有必要赶尽杀绝，咬牙切齿。即使身处阳光之中，你也会看到尘埃的影子，太过认真的人，只能永远与黑暗为伍。

自然需要与人为需要

贤哲告诉我们，按照自然的规律无人是贫困的，按照世人的意见人人都是贫困的，他们还细致区分从自然而来的欲望和因我们胡思乱想而来的欲望。大家看得到底的欲望是来自自然的，在我们面前躲闪、让我们追赶不上的欲望是来自我们自己的。钱财的贫乏易治，心灵的贫乏则不可治。（《论意志的掌控》）

“贤哉回也，一箪食，一瓢饮，在陋巷，人不堪其忧，回也不改其乐。”（《论语·雍也》）一个人，衣食所安，内心满足，即是至福。更多的欲望带来的，往往是更多的痛苦。

单一与精致

单一的生活在无忧无虑方面胜过普通的生活，精致满足的生活在实用与丰富方面又胜过单一的生活。（《斯布里那的故事》）

单一的生活与精致的生活，是生活的两种不同样态。单一，使人的生活质朴而宁静；精致，使人的生活充满激情而富足。人要学会把生活状态调节在单一与精致之间。比如，平静生活后开始一段激情远行，激情生活后又乐于回归单一的宁静。

给欲望设限

欲望的满足与增长是相应的，有什么办法抑制呢？一心想得到的人，从不再想已经得到的东西。（《论马车》）

生活中，我们常常看到不饥而食、不渴而饮的人。他们永远无法满足，那是精神的饥渴。在他们的内心深处，欲望的灵魂在呐喊。一个不知道给欲望设限的人，永远无法喂饱自己。

生命在于进攻

他向一名给他看美丽盾牌的年轻人说："盾牌确实很美，我的孩子，但是罗马士兵应该把希望放在右手，而不是左手。"（《论帕提亚人的盔甲》）

右手用于进攻，左手用于防守。生命的魅力在于满腔热血地"进攻"。

真正的胜利

事实果然如此，阿加迪亚人从四面八方把他们团团围住，一番大屠杀以后，把他和他的部下都用剑刺死。若要给胜利者树立丰碑，不是更应该把丰碑献给这些失败者吗？真正的凯旋，其任务是战斗，不是逃命；勇者的荣誉在于痛击敌人，不是殴打敌人。（《论食人部落》）

鲁迅曾说："我每看运动会时，常常这样想：优胜者固然可敬，但那虽然落后而仍非跑至终点不止的竞技者，和见了这样竞技者而肃然不笑的看客，乃正是中国将来的脊梁。"（《华盖集·这个与那个》）唯有坚持到最后的失败者，才有资格诠释什么是真正的胜利。

命运与努力

命运在技艺方面不是还超过画家普罗托盖纳斯吗？画家画了一条疲劳的狗，对狗全身什么部位都感到很称心，但就是狗嘴里的口水画得不中意。画家对自已的画发起了脾气，拿起一块沾满各种颜料的海绵朝它扔了过去，要把它都擦掉；命运让那块海绵恰好扔在狗嘴上，在上面留下了正是艺术家想画而画不出的艺术效果。（《命运与理智经常相遇在一条道上》）

为什么海绵偏偏要帮普罗托盖纳斯的忙？为什么苹果偏偏落在牛顿的头上？这世上其实并没有“偶然”，一切都是辛勤努力的“必然”结果。

心灵需要激情

我们在愤怒时打击坏人和敌人最厉害；说情人要引起法官的愤慨才会得到公正的判决。激情使地米斯托克利奋发；激情使德摩斯梯尼兴起；激情促使哲学家通宵达旦，四方讲学；激情鼓动我们去为荣誉、学说、健康做有益的工作。（《雷蒙·塞邦赞》）

莎士比亚说："我们宁愿重用一个活跃的侏儒，不要一个贪睡的巨人。"（《特洛伊罗斯与克瑞西达》）蚂蚁和蜜蜂虽然身材矮小，但心灵的激情能激发出它们的无限潜能，从而使它们活出生命的价值。

心的激情，是人生的筋骨。

最好的工作

我的身体状态跟精神状态总的来说非常相称。心情从不轻松愉快，只是精力扎实充沛。干活吃得起苦；但只是逢上自觉自愿时吃得起苦，想做多久就是多久……换句话说，若不受乐趣的诱导，若不被自己纯正自由的意志带路，我就一事无成。（《论自命不凡》）

让我们的心灵最放松与最自然的做法是最美的做法，最不勉强人的工作是最好的工作。（《论三种交往》）

人的一生能够遇到自己喜欢做的事，碰到自己希望照顾的人，才能享受真正的生活乐趣。

学以致用

他打断我的话，请求我去这样做，要在行动上表现，我们身体健康时在一起所说的话不但在嘴上说，还要深深铭记在心田，时机一旦到来就要付诸实施。这才是我们对学问与哲学做到了学以致用。（《意大利之旅》）

想法要付诸实施，才具有价值。所有停留在脑海中的梦想、规划、观点、方法，若无行动，皆是虚妄。精神的王国，不唯建立在理念里，也应建立在尘世中。

把梦想具体化

人的思想不可能在一大堆不成形的想法上不着边际地漂移。必须把想法转化成他可以模拟的形象。（《雷蒙·塞邦赞》）

有梦想是好事，但更重要的是把梦想不断具体化，并一步一步地去实现它。

未来与当下

然而在我们中间还留下一些依照星辰、神鬼、身体外形、梦和其他的预卜方法——这是人天生强烈好奇的明显例子，高兴为未来的事操劳，仿佛当前的事用不着花多少心思去解决似的。（《论预言》）

提前迎接和思考你的厄运，害怕未来而失去现在，以后会苦而现在先苦了起来，那对你又有什么好处呢？（《论相貌》）

“杞国有人，忧天地崩坠，身亡所寄，废寝食者。”（战国·《列子·天瑞》）对于未来，我们要有所规划，但切勿过度恐惧。因为对未来的忧虑，只会销蚀当下的生活。迎接未来的最好方法，就是活好当下。

天空与大地

我赞赏那位米利都姑娘，她看到哲学家泰勒斯不断地高举双目凝视天空出神，便走过去撞得他一个踉跄，关照他把脚底下的事办完后，再去想天上的事。她劝他考虑自己以后再去考虑天。（《雷蒙·塞邦赞》）

人只有在地上站稳了，才能放心地抬头看天。

分解与聚合

我的计划是到处可以分解的，不是建立在宏大目标上，每天有一个终点即可。我的人生旅程也是这样进行的。（《论虚空》）

人生，需要分解，也需要聚合。每一个阶段，完成一个梦想，最终聚在一起，你就会成为你心中期待的模样。

合理分配精力

应该从反面学习芦苇生长之道。芦苇第一节很长很直，但是接着好像疲倦喘不过气来似的，节子短而密，仿佛停顿，已没有最初的活力与坚韧。应该在开始时仔细冷静，把耐力与冲劲留到工作关键与即将完成的阶段。（《论意志的掌控》）

在马拉松比赛中，从起点开始冲刺的人，往往不是最后的冠军。只有学会合理分配精力，才能在关键时刻发挥出最大的潜能。

寒冬中摇曳的火光

我欣赏在人生黯淡的寒冬还亮起摇曳的火光。（《论维吉尔的几首诗》）

这种终生不懈的冥思，奇迹就是从中产生的。(《论英勇》)

曾国藩在《家训喻纪泽》中云："尔之短处，在言语欠钝讷，举止欠端重，看书不能深入，而作文不能峥嵘。若能从此三事上下一番苦功，进之以猛，持之以恒，不过一二年，自尔精进而不觉。"无独有偶，王国维在《致王潜明》中有言："每日读书亦不在多，苟能日以一二小时习一事，积久成绩自有可观。"

曾纪泽，曾国藩之子；王潜明，王国维之子。大师训子名言，皆存至理：无论顺逆之境，若能日行精进，时刻进步，终会有所成就。

拒绝诱惑

希波梅纳轮到最后一个比赛，向主宰这场恋情的女神祈祷求助；女神满足他的愿望，给他三只金苹果，告诉他如何使用。比赛开始，希波梅纳感到他的意中人紧紧跟在后面，他好似失手把一只苹果掉落。姑娘被美丽的苹果吸引，禁不住回头去捡了起来。这样他选择适当时机掉下第二只、第三只，最后靠这个诱敌分心的计谋，赛跑的桂冠非他莫属了。（《论分心移情》）

阿塔兰达是一个美丽而聪慧的女子，她择偶有一个条件，就是对方必须在跑步比赛中赢过她。青年希波梅纳在路上丢下三只苹果，吸引了阿塔兰达的注意力，从而赢得了比赛。

生活中，一些小小的诱惑，常常把我们从行进的道路上引开。学会拒绝诱惑，才能走到最后。

不为小事分心

一点点小事就可以让我们分心，转移视线，这是因为我们放在心里的也只是一点点小事。我们很少注意事物的整体和本身，而是那些表面的、次要的情境引起我们的注意，还有就是毫无意义的鸡毛蒜皮的内容。（《论分心移情》）

一个快速行走的人，必须目视前方。不为小事分心，不迷恋路边的花草，才能更快地到达终点，更早地打开家门。

量力而行

我的上帝，智慧若使人能够量力去满足自己的欲望，那才是对人做了一件好事！没有比这更有用的哲理了。“量力而行”，这是苏格拉底最爱最常说的一句话，内涵丰富。应该把我们的欲望定位在最近、最轻易的事上。命运让我接触到我生活中千百件不可或缺的东西，我就是不乐意，偏偏要去追求一两件我鞭长莫及的东西，甚至是一个非我所能冀求的怪念头，我岂不是愚蠢到了家？（《论三种交往》）

《左传·昭公十五年》云：“力能则进，否则退，量力而行。”一个人，站在凳子上够不到树上的苹果，可以搬来梯子；如若仍然够不到，最好的做法也许不是抓耳挠腮地想其他主意，而是缓缓地从梯子上走下来。有些人，得不到，有些事，完不成，并不见得就是我们的错。努力过，就好。

悔恨与遗憾

那些并非我的力量能够做到的事，谈不上悔恨，要说的话也只是遗憾。（《论悔恨》）

我的生活能力也仅此而已。（《论悔恨》）

悔恨和遗憾，是两个不同的概念。一件事，你尽力付出了，即使失败，也只是遗憾；一件事，你没有去做，终有一天需要面对内心的悔恨。

不去做与做不到，不应该受到相同的精神指责。

过去的就让它过去吧

对于一切已经过去的事，不论其结果如何，我很少抱憾。它们本来就应该这样发生的，这个想法使我免除烦恼；如今它们已经进入宇宙大循环，进入斯多葛的因果连锁反应。你用什么方法祈求和想象，都不能改变一丝一毫，事物的顺序不会颠倒，不论过去与未来。（《论悔恨》）

莎士比亚说："让我们不要把过去的不幸重压在我们的记忆之上。"（《暴风雨》）人生的行囊装载着过去、现在和未来，我们只有把过去的不幸抛掉，才能拾取更多的东西。

学会遗忘

因为记忆中反映的不是我们选择的东西，而是记忆乐于保存的东西。所以什么东西也比不上遗忘的欲望，会那么深地留在记忆中。愈是努力要遗忘的东西，愈是会在记忆中保留得长久和完整。（《雷蒙·塞邦赞》）

蒙田说：“有人问什么是学习人生的最好途径，安提西尼斯说：‘把坏事忘掉。’”（《论残忍》）也许坏事很难遗忘，但我们可以选择不去回忆。

学会忍受

不可避免的事应该学会去忍受。我们的生活犹如世界的和谐，都是由相反的事物、不同的色彩构成的，温和的与暴烈的，尖的与平的，柔弱的与严厉的。如果音乐家只喜欢一种音色，会表达出什么？他必须善于调配各种声音，合成交响。我们也是，善与恶在我们的生活中是共生共存的。我们的存在不能没有这样的融合。这一部分与另一部分都是同样必要的。（《论阅历》）

生活中没有绝对纯粹的事。良药利于病，却苦于口；榴莲，闻起来使人“退避三舍”，吃起来又使人“流连忘返”。人生，既要学会享受甘甜，也要学会忍受辛酸。

如水的生活

若由我自己来培养自己，我不愿意在一件事上做得那么专注，以致放手不下。生活是一种不均匀、不规则、多形式的运动。一意孤行，囿于个人爱好固执不变，决不肯偏离和迁就，这不是在做自己的朋友，更不是主人，而是奴隶。（《论三种交往》）

认定一种方式非此不可，这是存在，不是生活。最美丽的心灵是善于灵活适应的心灵。（《论三种交往》）

水，遇方则方，遇圆则圆，千变万化，而不改水之本质。人生也应如此，既要有不断尝试新鲜事物的灵活，也要有轻易不变的坚守。

和世界谈条件

遇到危险，我想得多的不是怎样逃过，而是逃过也不怎么重要。我处于危险之中时，又怎么样呢？我不能左右事情，我就左右自己；事情不适合我，我就去适合事情。我没有多大技巧做到掌握命运、回避命运或强迫命运，只能谨慎小心引导事情为我所用。（《论自命不凡》）

犹如把一种草移植到完全不符合生长条件的土壤里，能做到的是草适应土壤，不是土壤适应草。（《论虚空》）

　　我们还没有强大到可以和这个世界谈条件。但要知道，如果能认识到这一点，并努力去适应这个世界，我们就已经变得越来越强大了。

变换想法

其他的事也一样，一个不愉快的念头留在心间，我觉得改变它比克服它更快见效。我不能让它从相反的方向去想，至少从较好的方面去想。变换着想法总能起一种减轻、化解和驱散的作用。我若不打倒它，我就躲开它；躲开时我走岔路，使诡计；转移地点，改换工作，找不同的朋友，溜出去找其他乐子，想其他事，让它失去我的踪影，找不到我。（《论分心移情》）

很多事，如果你愿意换一个角度去想，改变的不仅是心情，可能还有人生。

乐观看待困难

古希腊的一句格言说，人不是受事物本身，而是受自己对事物的看法所困扰。如果这个论点可以到处通行，这对人类不幸的处境极有裨益。因为如果说坏事只是由于我们的判断而出现在我们中间，那么我们也就有能力去对它们不屑一顾或避凶趋吉。如果事物可以由人支配，为什么就不能掌握它们，为我所用呢？如果我们心中的恶与烦恼，本身就不是恶与烦恼，只是来自于我们任意对它们的定性，那就由我们来改变吧。

如果不受任何束缚作出选择，还让自己终日烦恼不已，被疾病、贫困、嫌弃弄得愁眉不展，我们真是蠢得出奇了；我们可予以乐观对待，命运仅是提出内容实质，形式则可由我们确定。（《善恶的观念主要取决于我们自己的看法》）

事物的价值，取决于我们如何看待它们。从苦痛中看到希望，乐观看待苦难，才能汲取更多的力量，才能更加积极地迎接命运的挑战。

从容对待

这使我想起从前读到的一个罗马人的故事，他是个显贵，在逃避三头政治的暴政过程中，全靠足智多谋屡屡逃过追捕者的掌心。有一天，一队骑兵奉命来抓他，跑过了他藏身的一片矮树林，没有发现他。但是他在这个时刻，想到自己长期以来为了逃避官府的天罗地网，东躲西藏，这样的生活实在少乐趣，与其永远处于惊魂不安之中，还不如一死了之。他自己走出去把他们叫了回来，双方都不用再相互折磨了。

向敌人自首，这个做法不够男子汉气概。然而我相信，终日提心吊胆，面对一个无法走出的困境，还不如采取这种做法。（《相同建议产生不同结果》）

人与其处在惊慌失措的逃避之中，不如从容地坐下来，迎接困难所能给予的一切。有时候，我们的镇静和从容，反而会把困难击碎。

临镜而视

时间只有回头来看才能改进我们，冲突比协调，差异比相似更有效。我得益于好事不多，于是就从坏事中汲取一般的教训。我看到别人讨厌，就努力让自己讨人喜欢；看到别人软弱，就让自己坚强；看到别人态度僵硬，就让自己和气。（《论交谈艺术》）

“夫以铜为镜，可以正衣冠；以古为镜，可以知兴替；以人为镜，可以明得失。”（《旧唐书·魏徵传》）一个人，临镜而视，发觉自己衣衫不整，最好的办法不是把镜子击碎，而是认真修饰妆容。

走在命运的前面

我更在乎无病无痛时增进体质，而不是健康弃我而去时才奋起追赶。我需要万事顺利才会接受纪律与教育，而别人需要逆境与鞭挞才这样做。仿佛好运与好心不能并存，人也只有在厄运中才会成为好人。（《论虚空》）

人总是在失去之后，才学会珍惜。仿佛他所拥有的一切，都是为失去而准备的。其实，人生更应该学会巩固自己的所有。健康的时候，更应该锻炼；顺境的时候，更应该进取。虽然他知道岁月和命运总有一天会打败他，但他应该时刻准备着、战斗着。

大声说出来

大家在忏悔时谨慎小心，其实应该在行动时谨慎小心。大胆做坏事在一定程度上受到大胆忏悔的制衡与阻止。谁有义务把一切都说出来，也有义务不去做必须隐瞒的一切。（《论维吉尔的几首诗》）

人们常常知错犯错，而以事后忏悔的方式来宽恕自我。你现在或即将做的事情，是否能大声说出来呢？如果每个人都能时常这样问问自己，那么很多驶往罪恶的人生列车，就能戛然而止。

赢在开头

一切事物诞生时都是柔弱的，可是应该睁大眼睛看着初始之时。因为小时不发现它的危害性，大时就会找不到医治之药。（《论意志的掌控》）

我用这个药方效果就很好，烦恼一冒头就把它轻易化解，从而觉得避过了许多劳苦与困难。激情初起时只费一点力就予以制止，问题开始感到棘手还未折腾我以前便抛下不顾。起跑止不住，奔跑也就停不下。不知道把它们拒之门外，以后也难把它们赶出门外。不能赢在开头也就不能赢在最后。（《论意志的掌控》）

“且欲防微杜渐，忧在未萌。”（《宋书·吴喜传》）对事情开头的判断往往能够左右最终的结果。要想赢在最后，就要赢在开头。

不可失去勇气

“害怕夺去心中的一切勇气。”（古罗马·西塞罗）在战斗中挂彩的人，即使受伤未愈，出血不止，也可以在第二天再上战场。但是对敌人胆战心惊的人，千万不能让他们面对面。（《论害怕》）

在战斗中被击倒的人，只要勇气还在，就能够重新站起来，投入新的战斗。我们每个人都是在人生的战场上打拼的战士，需要历经千百次冰与火的淬炼，而勇气是我们的基石。

不可失去勇气，否则便会败给其实没什么了不起的人生。

努力更重要

我重视的不完全是他做了什么事，而是他多么努力不致做出更坏的事。（《论发怒》）

不是只有做出丰功伟绩的人才值得赞颂。只要我们正在为成为更好的自己而努力，就应该被赞扬。

逐渐改变恶习

荣誉、财富、地位以及其他我们称之为福气的种种恩宠与好处，在理智无法说服我们把它们放弃，不要去承受这份新的重担时，竟然不惜去死以求摆脱，我还没有见过谁主张和做过这样的事，直到我偶然读到了塞涅卡的那一段话为止。他劝皇帝身边一位有权有势的重臣卢西里乌斯改变骄奢淫逸的生活，不要贪恋尘世的功利，退居山林，过平静超脱的生活。卢西里乌斯对此提出一些困难，塞涅卡就对他说："我的意见是你放弃这种生活，或者放弃人生；我劝你采取一种温和的方法，慢慢解开而不是切断你打的死结，除非解不开了，那就把它切断。没有人会胆子小得宁可一直摇摇晃晃，而不愿意一下子跌倒在地。"（《不惜一死逃避逸乐》）

蒙田在《塞亚岛的风俗》中写道："我们身上的锁链，磨断要比挣断更需要耐性。"改正恶习，或者放弃某件心爱的事物，都是一个缓慢更新和割舍的过程，不可一蹴而就。

你我都是“哲学家”

我的生活方式是自然的生活方式，我不需要模仿古人才去形成。但是不论我的生活方式多么微不足道，一旦我想向谁提起，为了在人前表现得文雅一点，我有责任把这些方式配上箴言和范例，有时我自己看到也不禁感到吃惊，跟许多哲学家的范例和言论何其相似。我的生活属于哪一类，只有对我的生活探索和实践后才会知道。新型人物：一位信口开河、客串的哲学家！（《雷蒙·塞邦赞》）

每个认真生活的人，都是可以诠释自我人生的“哲学家”。只有尚未活出“真我”的人，才需要费力地附庸风雅。

别把自己关进笼子

这种模仿会弄出人命来，就像亚力山大国王在印度某地遇到体格力气都大得可怕的猿猴，它们看到什么模仿什么的天性，倒提供了制服它们的方法，不然要捕获它们还真难办。猎人深知它们的习性，有意在它们面前穿上有许多绳结的鞋子，在头上戴上有活结的怪帽子，假装在眼睛上涂粘胶。这种模仿天性害苦了这些可怜的动物，它们把自己捆扎得动弹不得。（《论维吉尔的几首诗》）

人会走入两种窠臼：自我的窠臼和他人的窠臼。固执己见、故步自封，就是把自己关进自己的笼子里；模仿他人，拾人牙慧，就是把自己关进别人的笼子里。不论哪一种都会害了自己。

责任在于自身

心灵处理事情不是根据事情本身，而是根据它自己本身。事情可能都有它本身的重要性、尺度和条件。但是事情临到我们，心灵就会按照自己的意思去任意修饰。死亡对于西塞罗是可怕的，对于加图是可盼的，对于苏格拉底是无所谓的。健康、良心、权威、知识、财富、美，以及与以上这些相反的东西，在进入心灵时都脱去了自己的衣衫，而接受心灵给予的新衣衫和它喜欢的花色：褐色的、绿色的，浅的、深的，刺目的、柔和的，深刻的、表面的。每个心灵都是各选各的，因为它们不是共同去检验它们的风格、规则和形式：各个心灵在自己的领土上都是王后。所以不要在事情的外在品质上找借口，责任在于我们本身。（《论德谟克利特和赫拉克利特》）

外在的事物，都以我们接纳它们的方式进入我们的心灵；我们所做的每一件事，所说的每一句话，也都缘于我们的内心。所以，不要找借口，责任在于自身。

人心的弯曲

同样道理，读书对于懒汉，戒酒对于酒鬼，都是一桩苦事。节俭对于挥霍的人是酷刑，锻炼对于虚弱好闲的人是体罚，其他事也一样。事物本身不是那么痛苦，那么困难，但是我们的软弱与怯懦使事物看来如此。要评判事物伟大高尚，必须有一个同样的心灵，否则我们就会把它们看成卑微的，而这卑微来自我们自身。一支直的船桨在水里好像是弯的。重要的不是看事物，而是如何看事物。（《善恶的观念主要取决于我们自己的看法》）

金钱，在好人的眼里，是行善的工具；在坏人的眼里，是杀伐的利器。金钱本身无好坏之分，有好坏之分的是人心。人心弯了，他的世界又怎会不扭曲呢？

只好怪自己

如果别人在学识、风度、力量与财富上超过你，你可以责怪这是外界的各种原因；若性格上不及他们坚强，你只有责怪你自己了。（《论阅历》）

其实，何止性格上的瑕疵应该归咎于自己，任何的不如意都应该、都能够从自身找到原因。如果我们还没有成为更好的人，那只能怪自己。

做自己的事

“做自己的事，懂自己的心”，这句重要的箴言往往归之于柏拉图。上下两句一般来说各自包含我们的责任，又好像互相依存。谁要做自己的事，必须看到他第一件要学的事是认识自己是什么样的人，什么是他该做的事。人认识了自己，不会把外界的事揽在自己身上；自爱其人，自修其身，是头等大事；不做多余的事，排斥无益的想法与建议。西塞罗说：“愚者即使得到他所期望的东西还心犹未甘，而智者有了什么会心满意足，决不再去自寻烦恼。”（《感情在我们身后延续》）

20 世纪 80 年代，“简约主义”兴起于艺术设计界，其尊奉的原则之一即“Less is more”。人的时间和精力是有限的，我们应该让自己的生活更“简约”。懂自己的心，做自己的事，用自己的方法，实现自己的梦想。不贪求，不自寻烦恼，生活才会“简约”，人生才会“简单”。

依靠自己

最后我认识到最可靠的方法还是让自己照顾自己，解决自己的需要。若受到命运的冷遇，更要依靠自己的力量，与自己相依为命、悉心呵护。在一切事情上，人都不要去依赖别人的帮助，而不寻求自己的帮助；谁善于自我防范，这才是唯一可靠的强大保护。（《论相貌》）

我们一生会遇到很多人，但唯一可以陪伴始终的只有我们自己。强大自己，是人终生的事业。

保持自由

人总是出租自己。他们的天赋不是为自己，而是为奴役他们的人用的。这样住在家里的不是自己而是房客。我不喜欢这种普遍心理。心灵的自由应该爱惜，只有在正当时机才可以把自由暂时抵押，我们若懂得明辨的话，这样的时机是很少的。（《论意志的掌控》）

法国思想家卢梭在《社会契约论》中说：“人生而自由，但无往不在枷锁之中。”人的一生中，往往要佩戴各种不同的枷锁，譬如生存的枷锁、婚姻的枷锁、父母和子女的枷锁等。于是，不得不废寝忘食、夙兴夜寐，貌似失去了身体的自由。但要知道，没有任何一所监狱能够关住追求自由的灵魂。

所以，换个角度看生活，世界就会宽广许多。

跟自己过不去

对世人的荒谬激动与恼火，那是最大、最常见和最要不得的荒谬事。因为这主要是在跟我们自己过不去。（《论交谈艺术》）

用他人的错误惩罚自己，是愚蠢的；用他人的错误教育自己，是智慧的。

不要给精神施压

单纯的精神活动危害不大，即使在睡梦中也在进行。但是启动时要谨慎小心。因为身体是人家给多少压力，它也承受多少压力，而精神随自己的心意给压力加码，往往压得身体不堪重负。（《论意志的掌控》）

现代人常常抱怨“压力山大”。但仔细想想，没有什么事情是毫无解决办法的。既然一切终将过去，又何必给自己太大的压力呢？

属于自己

我们一千个惯常的行动中，未必有一个跟我们有关。你看到那个人冒着乱箭，气得不顾死活爬到废墟顶上；另一个人全身伤痕，又冷又饿，脸色苍白，怎么也不给他开门，你以为他们在那里是为了自己吗？他们在那里是为了另一个人，这人他们或许从未见过，正闲在一边享乐，对他们的死活一点儿也不操心。（《论退隐》）

人世中最重要的事是知道怎样属于自己。（《论退隐》）

让自己真正属于自己，而不是成为别人的工具，这可不是一件简单的事。

史上最好的自己

让你自己回到心里，但是首先要准备在心里接纳你。你若不知道自律，把你交给自己那就是一桩蠢事。个人独处和与人相处，都会处理不好的。直到你能够做到对待自己也不敢稍有怠慢，直到你对自己也会羞愧和尊敬……（《论退隐》）

每一天都努力让自己成为“史上最好的自己”，这样的人生才不会被遗憾和悔恨占据。

人生是苦乐的交织

我们享有的乐趣与好事，无不掺入痛苦与艰难……我们极度快乐时会发出呻吟与哀叹的声音。你会不会说快乐会因焦虑而消失？即使我们在描述纯然的快乐形象时，也会用上一些病态的、痛苦的形容词来修饰：如颓废、萎靡、软弱、衰退、懒洋洋，这充分证明它们之间的血缘关系与同质性。（《天下没有纯一的事》）

病痛有时对人是有好处的。人不可能总是躲着痛苦，也不可能总是追求欢乐。（《雷蒙·塞邦赞》）

人生是苦乐的交织。欢乐的背后，必定有过心酸的眼泪；流过泪的心灵，定能更加坦然地享受喜悦。蒙田在《探讨哲学就是学习死亡》中写道："我把生与死调节在苦与乐之间。"人生调节苦乐，恰若天气晴雨变更，得宜适当，才能鸟语花香。

都是因为不珍惜

如果有人对我说凡事有利必有弊，对痛苦和坏事感觉迟钝的人，对欢乐和好事也不会享受很充分，真是这么一回事；但是人类的悲哀是可以高兴的事远远没有应该逃避的事多，极度的快乐也不及轻微的痛苦感觉深。“人对欢乐不及对痛苦那么敏感。”（李维）我们体会全身健康不像体会一点病痛那么强烈。（《雷蒙·塞邦赞》）

其实，问题的关键不在于“人对欢乐不及对痛苦那么敏感”，而是人们想要的总是太多，愿意珍惜的实在太少。

看得远一点

按照伊壁鸠鲁的说法，我觉得欢乐若引起更大的痛苦也应该避免，痛苦若会引起更大的欢乐也应该追求。（《论父子相像》）

孔子有言：“人无远虑，必有近忧。”（《论语·卫灵公》）如果能把眼光放得长远一些，就不会固执地贪图一时的享乐，或者逃避一时的痛苦了。

享受存在

但是我对人生还有另一种认识，觉得它可贵可亲，甚至在暮年还是非常执着于人生。大自然把生命交到我们手中，配有各种各样的花絮装饰，充满机遇，它若让我们感到紧迫，一无收获地溜了过去，这只能怪我们自己。（《论阅历》）

知道光明正大地享受自己的存在，这是神圣一般的绝对完美。（《论阅历》）

唯有足够努力，才敢“光明正大地享受自己的存在”，才会真心觉得人生“可贵可亲”。

欲望与享受

不论遇到了什么，享受了什么，我们还是觉得不满足，去追逐未来与未知的事物，尤其现有的东西没能使我们心醉。……我们的欲望游移不定，既不知道留住什么，也不知道适当去享受。（《论恺撒的一句话》）

如果不懂得享受，我们又何苦没完没了地去追求呢？试着停下来享受生活吧。你会发现，我们拥有的已经足够，幸福其实很简单。

有钱为何不快乐

我从宽裕中获益极少，甚至得不到好处。有了更多的钱可花，花钱也让我心事重重。正如皮翁说的，不论头上有毛还是没毛，拔掉他一根都是同样不高兴。当你已经习惯把幻想建立在一堆东西上以后，这堆东西已不再为你服务，你不敢再去触动它。这就好像是一幢房子，你觉得一碰就会坍塌，逼得你非用不可时才能动用它。（《善恶的观念主要取决于我们自己的看法》）

指望财富给我们足够的武装去对付财富，那是痴心妄想。要用我们自己的武装去抗击它。（《善恶的观念主要取决于我们自己的看法》）

幸福的人就是会把自己的需求根据他的财富能力安排得恰到好处，不用操心，不用插手，不用为分配统筹而放下自己正在做的更合适、更安静的工作。（《善恶的观念主要取决于我们自己的看法》）

生活中，有一种奇怪的现象，越富有的人往往越不快乐。因为，他们已经不把金钱当作提高生活质量的工具，而是当作身份和地位的象征。所以，他们努力增加钱财的数量，而不是努力提升生活的质量。他们拥有财富，却没有找到可以活得更幸福的方法。

乐趣的引诱

他们说，大多数乐趣引起我们上钩以后就把我们掐死……如果我们没有喝醉以前就会头痛，那就要注意别喝得太多了。但是逸乐为了蒙蔽我们，往前直走，不让我们看见带来的后果。读书是愉快的事，但是读得太多最终会让我们失去最为重要的乐趣与健康，那就把书放下。（《论退隐》）

乐趣可以给予人一时的欢娱，也可以给予人一世的痛苦。要知道快乐可能带来烦恼，也要相信苦难终将过去。唯有如此，我们才能寻得生活的平衡。

痛苦与欢乐皆需节制

我命令我的心灵对待痛苦与享乐要同样节制，“心灵在欢乐中张扬与在痛苦中颓唐，同样应该受到谴责”（西塞罗）……健康地看待好事也会做到健康地对待坏事。痛苦缓慢初起时带有某种不可避免的东西，而享乐过度结束时带有某种可以避免的东西。（《论阅历》）

对他（苏格拉底）来说，节制是调节器，不是享乐的敌人。（《论阅历》）

过度的喜乐与过度的悲伤，都不是情感的常态。精神是顽皮的孩子，非常脆弱，要注意节制，要学会用心保护。

肉体与灵魂间的距离

阿凯西劳斯患风湿病，卡涅阿德斯去看他，痛苦地告别后，他叫卡涅阿德斯回来，指给卡涅阿德斯看他的双脚和心胸，对他说："从这里是到不了那里的。"卡涅阿德斯听了觉得好受一点。因为病人有痛苦，愿意及早摆脱；但是他的心没有由于病痛而有所受损和软弱。（《雷蒙·塞邦赞》）

对真正的人生的英雄而言，病痛可以折磨他的肉体，但不能摧毁他刚强的意志。因为，肉体和灵魂之间有一段神圣的距离。

痛了就喊出来

哲学应该让痛苦从口头上怯懦地表现出来，如果怯懦不能停留在心房和肠胃内的话；哲学应该把这类不由自主的埋怨，归入叹息、呜咽、心跳、脸色苍白等这类大自然不让我们有控制能力的反应上去。只要心里不存在害怕，言词中不包含失望，哲学应该心满意足！只要我们的思想不扭曲，胳臂扭曲一点又有什么要紧的呢？哲学培育我们，是为我们自己，不是为他人；哲学培育我们是改变实质，不是改变外表。（《论父子相像》）

勇者的强大不在于忍受，而在于抗争，更在于懂得如何解压。所以，痛了就喊出来吧，然后轻装上阵，为更好的明天奋斗。

尊重岁月

不及早有自知之明，不感到岁月不饶人，会使身体与心灵两方面都受到极度的摧残（心灵与身体是对等的，有时心灵更占一半以上），这样的错误使世上多少伟人身败名裂。我从前见过，还熟悉一些有声望的人物，他们在风华正茂的年代声名远播，然而曾几何时迅速陨落。为了他们的荣誉，我多么愿意向他们进一言，文治武功已不是他们所能参与的时候，还不如及早隐退享受清福。（《论父子情》）

日升月落，白昼与黑夜交替。人们在白天劳作，在黑夜休息，这是生命的规律。尊重岁月，尊重生命休息的权利，就是尊重生命本身。

健康是珍贵的

健康是珍贵的东西。说实在的，唯有健康才值得大家不但用时间、汗水、劳苦、财产，并且还用生命去追求。没有健康，生命对我们是艰苦的，不公正的。没有健康，欢乐、智慧、学识和美德都会黯然无光，不见影踪。（《论父子相像》）

生命的天平，一端是健康，一端是事业。健康若无，又用什么来衡量事业的价值呢？

不可饮酒过度

希腊人在宴席上用的是这句话："要么喝酒，要么离席。"（加斯科涅语把"喝酒"改成"生活"，那要比这句更恰当）古罗马诗人贺拉斯也说："若不懂好好生活，把位子让给懂的人；你玩够，吃够，喝够，该是离开的时候，免得喝过了头，成为年轻人的笑柄。"（《雷蒙·塞邦赞》）

东汉大文学家许慎在《说文解字》中说："酒，就也。所以就人性之善恶也。"酒本无善恶，唯在饮酒人的品性。酒饮三分，既可舒活经络，又可活跃气氛，增添情趣；酒饮九分，不仅伤身，亦常酒醉误事。孔子告诫我们要"不为酒困"（《论语·子罕》）。人饮酒不可过度，他事亦然。

生命的好与坏

生命本身既不好也不坏: 按照你给它什么位子才会有好坏之分。（《探讨哲学就是学习死亡》）

请相信，生命真的把握在我们自己手中。

你愿意为什么放弃生命？

米达斯国王做了一场噩梦，心烦意乱，也寻了短见。为了一场梦而抛弃了生命，那是把生命看成了一场梦的价值。（《论分心移情》）

有人为爱情放弃生命，有人为自由放弃生命，有人为金钱放弃生命。那么你呢？你愿意为什么放弃生命？

活着就有希望

并不是所有挫折都值得用死亡去回避。

还有，人间总有那么多出其不意的突变，很难说我们怎样才算是到了穷途末路……古人说：人只要一息尚存，对什么都可抱有希望。（《塞亚岛的风俗》）

小说《白鹿原》中有这样一段话："好好活着！活着就要记住，人生最痛苦最绝望的那一刻是最难熬的一刻，但不是生命结束的最后一刻；熬过去就会开始一个重要的转折，开始一个新的辉煌历程；心软一下熬不过去就死了，死了一切就都完了。好好活着，活着就有希望。"

失去生命，就失去了一切幸福的可能。

好好生活

死与生其实是一致的。我们不会因死而变成不同的人。我总是以生来解释死。如果有人跟我说某人死得很坚强，而活得很脆弱，我认为这也是他生命中原有的脆弱性造成的。（《论残忍》）

从某种意义上说，死亡是为了逃避好好生活这个难题。他们有可能有其他价值，但是我觉得他们从来没有克服困难的价值，在逆境中也不会做到在人世的汹涌波涛中屹立不倒，光明正大地应付和完成个人担负的种种职责。（《斯布里那的故事》）

死亡是对当下世界的逃避，但人生的意义不是逃避，而是好好生活。

生命的长度

你的生命不论在何地结束，总是整个留在了那里。生命的价值不在于岁月长短，而在于如何度过。有的人寿命很长，但内容很少。当你活着的时候，要提防这一点。你活得是否有意义，这取决于你的意愿，不是岁数多少。（《探讨哲学就是学习死亡》）

不管英年早逝，还是平凡到老，只要活出自我生命的意义，便是成功的人生。我们人生的意义，则完全由我们自己决定。

第二章

生活与处世

关于生活和处世，蒙田有着独到的见解。首先，他要我们静观世界，洞察人性，了解社会，尽力去发现社会的美、人性的善。其次，他要我们学会走近他人，与人相处。在朋友面前，坦露真实的自我；严于律己，但又不苛责他人；相信友情，但也保持理性。

无论如何，面对这个纷繁复杂的世界，只要我们能够保持一颗纯净的心，用爱去拥抱世界，拥抱他人，就一定能够守住自己的小幸福。

多看看远方

广泛接触世界，有助于对人性作出判断，可以做到洞若观火。我们都自我封闭，目光短浅，只看到鼻子底下的东西。有人问苏格拉底从哪儿来，他不回答说：“从雅典。”而是说：“从世界。”他有经天纬地之才，把宇宙看作自己的城市，从全人类的角度来议论他的学问、他的交往与他的感情，不像我们只顾到自己的眼前。（《论儿童教育》）

要么旅行，要么读书，肉体和灵魂总有一个得在路上。唯有见多，唯有识广，我们眼中的世界、我们心里的世界，才会不一样。

以善意待人

最不易交往的是人，最易交往的也是人。不易交往是由于他的罪恶，易交往是由于他的天性。（《论退隐》）

人性本善，只是在社会中学会了俯就他人和弯曲自己。所以，还是以善意待人吧，以便能让更多的人记起来时的路。

做个“聪明人”

聪明人内心必须摆脱束缚，保持自由状态，具备自由判断事物的能力，但是行止上又不得不随波逐流。公众社会不会理会我们在想些什么；至于其他，我们的行动、工作、财富，乃至生活本身，必须符合社会需要和公众舆论。（《论习惯与不轻易改变已被接受的法律》）

每个人在进入社会时，都应该学会收起锋芒，改变自己，适应社会。但真正的“聪明人”，会在改变的同时坚守内心的自由。否则，你可能会失去所有快乐的理由。

真实的自我

而我认为我只是存在于自身之中，而出现在朋友熟人面前的这另一部分人生，必须是不加掩饰与单纯自在的。（《论荣誉》）

人生在世，总要找到一个人，可以让你脱下面具，展现最真实的自己。有时候，伪装是一种自我保护，但永不卸下防备的人，将永远无法体会真正的快乐。

修心与修身

在人际关系中，美起着巨大的引荐作用，是人与人融洽的第一法宝，就是粗野孤郁的人也无不被美的魅力打动。身体是我们存在的一个重大部分，占有崇高的地位，所以它的结构与组织都必须慎重对待，谁要是把我们的两大主要部分分解，使之相互脱离，那就错了。相反，应该把它们结合配对。应该命令心灵不要自顾自置身事外，看不起肉体，把它抛在一边（或者让它除了拙劣模仿以外不会做别的），而是要与它结合，拥抱它，喜爱它，帮助它，监看它，训练它，给它出主意，当它误入歧途时劝它回头，与它结婚，做它的丈夫，以便它们的表现不相互对立矛盾，而要协调一致。（《论自命不凡》）

人既要修心，也要修身，身心相合，神貌无间，才是最好的自我。

繁文缛节

不但每个国家，而且每个城市和每个行业都有它自己的特殊礼仪。我童年时受过全面的礼仪教育，我又生活在有教养的人中间，不会不熟悉法国的各种规矩，还可以身传言教。我喜欢遵守这些规矩，但是不能在日常生活中处处受到拘束。有些是繁文缛节，若是有意而不是不懂而不去遵守，依然还算是从容有礼的。我经常看到有的人过分有礼反而成了无礼的人，过分客套反而成了讨厌的人。（《王者待客之礼》）

适度的礼节是必要的，繁文缛节则是不必要的。你过分有礼，反而逼得对方不自在；你过分客套，反而让人觉得虚情假意。有时候，礼节会堵塞我们走向彼此的路。

如何评价一个人

但是说到对人的评价吧，妙的是世间万物都是以其本身价值来评价，唯独我们人除外。称赞一匹马矫健挺拔，“众口交誉这是一匹千里马，竞技场上欢呼声中夺得了桂冠”（朱维纳利斯），而不是夸奖它的马具；一条猎犬要跑得快，而不是由于它的项圈美；一只鸟要有强健的翅膀，而不是套绳和脚铃。为什么我们评价人不评价他的本质呢？他有大批随从，一座华丽的宫殿，多大名气，多少年金，这些都是他的身外之物，不是身内的品质。（《论我们之间的差别》）

蒙田说：“底座不属于塑像。量人身高不要算上他的高跷，让他放下财产与头衔，让他穿着一件衬衫到面前来。”（《论我们之间的差别》）唯有心里的东西，才是评价一个人最重要的依据。

你不是别人

我在什么地方说过，不应该根据我们感觉的可信与不可信，去判断可能与不可能。自己不会做或不愿做的事，也很难相信别人会去做，这是极大的错误，而大多数人都会陷入这种错误。每个人都觉得最高的自然形式都在自己身上，其他一切形式都要以它作为试金石，作为准绳。凡是不符合自己的方式，都是假的、不自然的。这多么愚蠢无知！（《为塞涅卡和普鲁塔克辩护》）

人要有自己对人对事的判断标准，但更要有善于倾听、乐于学习的包容心态。

尊重差异

我采取了一种形式，不会像有些人那样要求大家跟自己一样。我相信，也想象得出，千百种形式不同的生活；跟大家相反的还更容易相信我们之间的不同，而不是我们之间的雷同。绝对不要求别人跟着我按照同样的条件和原则生活，仅仅从他本身的模式去考虑他这个人，决不把别人扯在一起进行比较。（《论小加图》）

蒙田说："世界的普遍品质，就是万物皆有差异。"（《论父子相像》）与人相处，要尊重人与人之间的差异，正是这样的差异让我们的生活更加丰富多彩，让我们有不断学习和进步的可能。

人与故乡

我们通过切身体验感到，人的形体取决于出生地的空气、气候和水土，不但肤色、身材、气质和行为如此，心灵素质也是如此。维吉图斯说："气候不但养成人的体力，也养成人的思维能力。"（《雷蒙·塞邦赞》）

我的同胞陶醉于这种愚蠢的心态，对不同于自己的风俗习惯大惊小怪，叫我见了难为情。他们一走出自己的村子，就像离开了生存环境。不论到哪里都抱着自己的习惯不放，憎恨一切外来的东西。（《论虚空》）

每个人都有一份属于自己的故乡情结。我们可以热爱自己的故土，也要允许别人热爱他们的家乡。

如果大家都能允许别人和自己有所不同，这个世界就会大不一样。

角度不同，观点不同

任何东西都处于不同的光线下，可以从不同的角度观看，因而产生不同的看法，这也是主要原因。一个国家看到事物的一面，以此为据，另一个国家看到事物的另一面，也以此为据。（《雷蒙·塞邦赞》）

一座山，从山脚仰视，则觉得山高；从天空俯视，则觉得山低。可见，角度不同，我们看到的风景也不同。与人意见不同时，不要轻言对错，而要寻找他看问题的角度。找到了角度，也就找到了解决问题的途径。

观人于微

一切活动都暴露我们的本性。……判断一匹马，不但要看它在练兵场上操练，还要看它走步，甚至看它在马厩里休息。（《论德谟克利特和赫拉克利特》）

人的一举一动、一言一行都在突出和显示这是怎么样一个人。（《论德谟克利特和赫拉克利特》）

孔子有言：“视其所以，观其所由，察其所安，人焉瘦哉？人焉瘦哉？”（《论语·为政》）观人于微，才能看到一个人的真性情。

人是变化的

我相信人最难做到的是始终如一，而最易做到的是变幻无常。若把人的行为分割开来，就事论事，反而更能说到实处。（《论人的行为变化无常》）

我们跟自己不同，不亚于跟其他人不同。（《论人的行为变化无常》）

人是不断变化的。如果我们不能做到始终如一，那就努力让每一次变化都变得更好吧。

没有人是完美的

一位议员的名字刚报上来，群众就发出一片不满的叫声反对他。帕库维乌斯说：“我看得很清楚，这是个坏人，应该把他撤职，让我们换上一个好人。”接着是一片沉默，每个人都感到难以选择，哪个人大胆提出一个名字立即响起更大的不满声加以拒绝，自有一百个缺陷和正当理由把他除名。（《论虚空》）

生命是个物质与形体的运动，其行动在本质上是不完美的，不规则的。我努力按其本性为它服务。（《论虚空》）

没有人是完美的，所以，不要苛责别人，也不要苛责自己。

每人皆有优点

人无论多么无能与鲁钝，身上总有闪光的个人品质，品质不论埋藏多深，总会在某个时机显露出来。一个心灵对其他一切都懵懵懂懂，唯独对某一种事耳聪目明，超过常人，这究竟是怎么一回事，那就必须请教我们的先生。（《论自命不凡》）

人生的花园里，百花争妍，竞相开放。牡丹富贵，兰花高洁，梅花有铁骨，菊花能傲霜。明末清初戏剧家李渔在《闲情偶寄·芙蕖》中写道：“兼百花之长而各去其短。”花尚且懂得扬长避短，更何况人呢？

放弃成见

一个不抱成见的灵魂可以迅速达到宁静。（《雷蒙·塞邦赞》）

成见，使我们不能正确地评判他人。对别人持有成见，表面上是对他人不公，但其实也给我们自己带上了镣铐，失去了心灵的自由。

平视他人

这种虚荣包含两个部分：视自己过高和视他人过低。（《论自命不凡》）

对人人平等的追求，最根本的是对心灵平等的追求。不高看自己，不轻视他人，这样的世界才会充满尊重和爱。

没什么值得骄傲

骄傲存在于思维之中，语言只起了很小一部分作用。（《论身体力行》）

谁自我陶醉，贬低别人，那请他转过头朝向过去的历史，看到历史上可以把他踩在脚下的英雄豪杰何止成千上万，他会自愧不如。……没有什么单一的品质可使人踌躇满志，他必须同时记得自身还藏有许多弱点和缺陷，最后还有不要忘记人生的虚妄性。（《论身体力行》）

人会觉得骄傲，多半是因为眼界还不够开阔。如果见过更多的人，走过更多的路，读过更多的书，就会知道自己是多么微不足道。

学会谦虚

真正有知识的人的成长过程，就像麦穗的成长过程：麦穗空的时候，麦子长得很快，麦穗骄傲地高高昂起；但是，当麦穗成熟饱满时，它们开始谦虚，垂下麦芒。（《雷蒙·塞邦赞》）

我们知道的东西再多，也是我们不知道的东西中极小的一部分。这就是说，我们以为有的知识，跟我们的无知相比，仅是沧海一粟。（《雷蒙·塞邦赞》）

知道自己无知，判断自己无知，谴责自己无知，这不是完全的无知；完全的无知，是不知道自己无知的无知。（《雷蒙·塞邦赞》）

一个人的知识越丰富，越能认识到自己的不足。而只有认识到自己的不足，才能学会谦虚，才能潜下心来，默默前行。

区别对待

说到他（恺撒）的宽恕，我们有他当政时期许多朴实的事例，那时一切大权在握，他根本不再需要装腔作势。盖尤斯·梅米乌斯对他写了几篇语调尖刻的演说辞，他也针锋相对作出回答。然而不久以后，恺撒还帮助他做了执政官。（《斯布里那的故事》）

我们可以不喜欢一个人的性格，但要学会欣赏他的才能。公私分明、是非分明，是一个人真正成熟的重要标志。

交往要有侧重点

人与人的关系只需顾及一头时，大家也仅仅防止这一头出现任何不足之处。我的医生、我的律师信什么宗教无关紧要。他们好意给予我的服务与这层考虑都扯不到一起去。我跟为我做事的人的主仆关系也是如此。我从不过问一个仆人近不近女色，我要知道他是不是勤劳。我担心赶驴的不是赌钱，而是笨手笨脚，担心厨师的不是爱骂人，而是做不好菜。（《论友爱》）

我们不能要求他人太多。一个理发师，你只能要求他理发技术的精湛，至于他是否幽默风趣，这与你无关。人与人的关系，不求全面，只求有所侧重。

正确评价敌人

即使对于敌人，我该评议还是光明磊落地评议。我的感情会变，我的判断不会。我不会把批评带入到其他与批评无关的情境中去。我那么在乎并维护我的评判自由，忍痛也不会为了某一种个人情绪而放弃。（《论自命不凡》）

不要因为他是你的朋友而偏袒他，也不要因为他是你的敌人而贬低他。人应该秉持公义，应该对事不对人。判断一个人是否公正，不仅要看他如何对待朋友，更要看他如何评价敌人。

朋友的价值

总之，对于从来没有体验过这种友谊的人是很难想象其威力的。尤其令我称道不已的是那位士兵对居鲁士一世的回答。士兵的马刚才在比赛中获奖，国王问他那匹马想卖多少钱，愿不愿意去交换一个王国，士兵说："陛下，当然不会的，不过要是我找到值得交心的人，我很乐意换来跟他做朋友。"

他说得不错，"要是我找到"，因为要找泛泛之交的人有的是。但是我说的那种，是遇事商量要推心置腹，毫无保留，一切心机都必须开诚布公。（《论友爱》）

泛泛之交的人易得，推心置腹的人难求。人生有三朋四友，听风赏月，把酒言欢，不胜快哉！

纯粹的友谊

我们走向交往，不是别的，好像完全受天性的驱使。……尽善尽美的交往就是友谊。一般来说，由欲念或利益、公共需要或个人需要建立和维持的一切交往都不太高尚美好；友谊中掺入了友谊之外的其他原因、目的和期望，就不像是友谊了。（《论友爱》）

效劳与利益是其他一般的友谊的养料，在高尚的交往中这不屑一提。理由是这会混淆我们的意愿。我心中的友谊并不因我给人家危难时帮了忙而有所增加，正如我为自己服务也不会对自己表示任何感激，同样由于这样的朋友的一致是真正完美的一致，根本不去想什么是义务或不义务，至于恩情、尽责、感激、请求、道谢以及这类区分你我与包含差别的用词，在他们之间遭到憎恨与驱逐。（《论友爱》）

真正的朋友，是另一个自己；真正的友谊，是两个灵魂的契合。

吃饭的乐趣

或许是为了治愈我的胃病，或许是由于没有合适的伙伴，因为我又像这位伊壁鸠鲁说的，要多加注意的不是吃什么，而是跟谁一起吃。我欣赏七贤之一开伦的做法，他不知道跟谁同桌以前不愿意答应出席伯利安得的宴会。对我来说，什么样好吃的菜，什么样开胃的沙司，都不及跟人来往那么美妙。（《论阅历》）

宴会的品质，不在于菜的品类，而在于与座者的品位。宴会不是人与菜品的交流，而是人与人的交流。好的宴会是精神的盛筵。

以善意度人

而且事实上，我这人天生不会怠慢和猜疑。我更愿意宽容和温情地考虑动机。我按一般的道理待人。若没有确凿无疑的证据使我无法回避，我不相信这些邪恶、丧尽天良的禀性，也不信恶魔与神迹。（《论相貌》）

战场归来的将军，在家门前看到一个孩子拿着刀向他跑来，他愤怒挥刀将孩子砍倒。孩子手中的刀落在地上，却没有发出金属与地面碰撞的声音。原来这是多年前将军亲自制作的一把木刀，而朝自己跑来的也只是一个想拥抱父亲的孩子。战争改变了将军，使他以战争的逻辑、以恶的逻辑测度他人。

以恶测度他人，收获的往往是伤害；以善测度他人，收获的大多是美好。

错的是我们自己

我还注意到这一点，他对那么多人和事、对那么多动机和意图的评论，没有一字提到美德、宗教和良心，仿佛在世界上这些是不存在的；对于一切行动，不论表面如何高尚，他都把原因归之于私利和恶心恶意。他评论说不清的行动，居然没有一项行动是出于理性的道路，这是令人无法想象的。不能说普天下人人坏心坏眼，没有一个人可以洁身自好；这叫我怀疑他自己心术不正，也可能是以己之心在度他人之腹吧。（《论书籍》）

莎士比亚在《驯悍记》中说："头眩的人以为整个世界都在旋转。"如果我们常常感到社会不公，世界不美，就应该静下来审视自己的内心。或许错的是我们自己，而不是这个世界。

好意通达好意

为了赢得别人的心与意愿，俯就与信任是良策。（《相同建议产生不同结果》）

与人交往时，我们给予对方的，也就是对方回报给我们的。

最后的稻草

这与我们的亲王最近遇到的事，可以说不谋而合。他在特朗特听到长兄的死讯，长兄是他全家的顶梁柱和光荣；不久又听到第二个兄弟的死讯，他是家里的第二寄托，他经受这两次打击都神色不变，才几天后又获悉一个手下人也死去了，这最后一桩灾难摧垮了他的意志，使他难以自持，陷入极度悲痛与悔恨之中。有人以此为据，说只是最后一次打击才触动了他。事实是他已经达到了悲愤的极点，任何微小的刺激都会冲破他坚忍的篱笆。（《论悲伤》）

如果有人因为你的一句无心之言而突然情绪爆发，你可能会觉得委屈。但仔细想想，很可能是因为他之前已经承受了很大的压力。你的一句玩笑，恰巧成了压垮他的最后一根稻草。

所以，任何事情都是有原因的。不要盲目地伤心，也不要盲目地快乐。如果遇事能先静下心来想一想，结果往往会大不一样。

因爱而称颂

我们从心存畏惧的人那里得到的称颂算不上是称颂，这些敬意不是对我们而生的，而是对王权而生的。（《论我们之间的差别》）

莎士比亚写道：“这件事会使人对你因惧而爱，而幸福之君总应使人因爱才惧。”（《露克丽丝遭强暴记》）别人对你的称颂，缘于爱，还是缘于惧，其背后有本质的不同。要用爱赢取爱，用真心换取真心。外在的力量，只是对心灵的压制，而不能使心灵驯服。

最佳教育法

真正美德的价值与崇高在于实施时感到轻松愉快，做了有用的事不感到任何困难，儿童与大人、老实人与细心人都可以同样去做。它的推行工具是调解，不是强制。苏格拉底是美德的第一个宠儿，有意识地放弃强制，而是自然轻松地进入了这个境界。这是人生乐趣的乳母。（《论儿童教育》）

不论怎样的高度，都是从最低处一步步走来的。如果一开始就以高标准要求人，人难免会有畏惧和排斥之心。在对方力所能及的范围内设置要求，对方通过努力最终达到目标，欢欣雀跃之余，必然更有动力迎接下一次挑战。循序渐进，长此以往，必有大不同。

不论是教育孩子，还是督促成人，这都是一个不错的办法。

薄责于人

处理人世事务的品德，是一种包容各层面曲曲折折观点的品德，在实施时要考虑到人性的弱点，它复杂和做作，不直率、明白和恒定，也不完全纯洁无辜。（《论虚空》）

古语云："水清无鱼，人察无徒。"考虑到人性的脆弱，我们完全没有必要以满分的标准去要求别人。孔子有言："躬自厚而薄责于人，则远怨矣。"（《论语·卫灵公》）只要别人尽力而为，即使不能十全十美，也要给予赞扬和肯定。

不要责怪别人没有做得更多

人家要我只是做这类额外工作，我会乐意接受。但是他们要求我去做我不该做的事，态度比对待自己该做没做的事还严厉，那就不公正了。……我要告诉某些人的是，他们不要为我可以做得更多，而今做得不够而那么生气。（《论儿童教育》）

不要把别人的善意付出当成理所当然。任何人都没有义务做额外的工作以取悦于我们。对别人的付出，要给予尊重。

健康的友谊

我们必须有一对极硬的耳朵才能倾听别人坦率的批评，因为很少人能够听了不感到像被咬了一口。谁大了胆子向我们提出是在对我们表现特殊的友谊，因为为了对方得益而不惜说重话伤害感情，这是健康的友爱。（《论阅历》）

孔子曰：“益者三友，损者三友。友直，友谅，友多闻，益矣。友便辟，友善柔，友便佞，损矣。”（《论语·季氏篇》）和能够促进自己不断成长的人做朋友，才是健康的友谊。

接受指责

大家培养自己说谎，锻炼自己说谎，仿佛这是一种礼仪，因为不露声色是这个世界最推崇的优点。

因而，我经常在想，我们那么虔诚遵守的这个习惯是怎么养成的；在我们之间那么普遍，当有人谴责我们这个恶习时，我们会比听到什么责备都生气。指责我们说谎也就成了别人最厉害的口头侮辱了。在这方面我觉得，谁说到了我们根深蒂固的缺点，也会自然引起我们气势汹汹的反驳，我们对指责感到愤懑，大动肝火，仿佛也可以开脱自己的缺点似的。我们若真的有这个缺点，至少在表面上总得予以谴责吧。（《论揭穿谎言》）

古语云："责人斯无难，惟受责俾如流，是惟艰哉！"（《尚书·周书·秦誓》）虚心接受他人的批评，是一件很难的事情。我们拒绝了别人的好意，于是，别人也三缄其口，沉默以待了。结果大家对别人的错误，也就学会了视而不见、见而不言。就这样，我们失去了成为更好的自己的机会。

双重标准

有人就以他本人也不以为是错的事作为罪行把别人判了死罪。（《论虚空》）

蒙田写道："法官刚刚写好一份通奸犯判决书，就从同一张纸上撕下一角，给他同事的老婆写情书。"（《论虚空》）有时候，我们叫喊着公义，却执行着双重标准；我们允许自己徇私舞弊，却对别人秉公执法。

敢于批评

批评别人身上自己也有的缺点，还有批评自己身上别人也有的缺点（我常这样），我不觉得两者是不相容的。我们必须揭露它们，使之无处藏身。而且我知道这需要有多大的勇气。（《论儿童教育》）

我们看到这种行为实在骇人听闻，我认为这不应该，但我还真心认为不应该的是我们在评论人家的错误时，对自己的错误熟视无睹。（《论食人部落》）

“朋友之交，至于劝善规过足矣。”（清·刘开《问说》） 但又有多少人能真正尽到对朋友“劝善规过”的责任呢？批评针对的是错误，而不是人本身。对人对己，只要有错，皆可批评。

给别人改正错误的机会

据说有人责备亚里士多德对一个坏人过于讲慈悲，他说："我确是对那人讲慈悲，但对坏事不讲慈悲。"（《论相貌》）

由于我不喜欢用合法手段去办理那些已有悔意的人，所以，说真的，对于认罪的人，我也常常会用非法手段去开脱。（《论相貌》）

佛家常言："放下屠刀，立地成佛。"此语在规劝对方改邪归正的同时，也给了他重新做人的机会。一个人认识到了自己的错误，即已走上了正确的道路。对于一个走在正确道路上的人，我们又怎能忍心责罚他呢？

让自己说话

我们要做到知情达理，在怒火中烧时决不要揍打我们的仆人。当脉搏加快、心里有气时，把事情搁一搁再说。心平气和了，看事情就会是另一个样。不然操纵的是情绪，说话的是情绪，而不是我们自己。（《论发怒》）

这是一种自我发泄、自命不凡的情绪。当我们为一件没必要的事大发雷霆，有人向我们说明道理或进行辩解，多少次我们会不顾事实真相而气恼？（《论发怒》）

有一位企业家，素以行事稳健著称。在一次记者会上，记者请教他决策几乎没有失误的秘诀，他回答说："其实没有什么诀窍。只是我懂得在愤怒的时候少说话、少做决定，因为那时候的我不是真实的我，而是被怒气控制的恶魔。"

给别人发脾气的机会

让我们的怒火发泄出来也胜过掖着让自己受罪。气愤的心情表达出来就会减弱，宁可让势头冲出体外也不要对着自己别扭。塞涅卡说："暴露在外的疾患是较轻的，隐藏在健康的外表下危害很大。"（《论发怒》）

但是如果让激情一次把我控制和捕获了，它就会左右我，不论它的理由多么没意义。我也与那些跟我会起争执的人商量："当你看到我先激动了，不论对与错，让我发泄出来。轮到你时也对我这样做。"一个人的怒气是发不大的，只有双方都发，还比赛着发，才会形成暴风雨。让各人尽情发脾气，我们就会相安无事。药方很灵，但配药很难。（《论发怒》）

莎士比亚在《理查二世》中说："绵绵细雨飘洒不已，急风暴雨转眼便收。"与其把不快闷在心里，不如发泄出来，对人对己都不是坏事。

学会拒绝

受人之托，又不被人告知事情的底细，或还隐瞒着某些背后的意义，我注意到谁都会不高兴。（《论功利与诚实》）

受托之人，若不明所受何事，则常代人受过，损伤自己。比如，他人邮寄包裹于你，不言何物，若为毒品，你将如何自处？所以，受托之时，必须寻根问底，对方不明言者，不受；不合情合理者，亦不受。

乐趣是相互给予的

只思得到乐趣而又不给人乐趣，这样的人绝不是高尚的人；一切都是欠人家的，把负担都加在跟他维持关系的人身上，这个人的心灵就更卑鄙了。（《论维吉尔的几首诗》）

欢乐只有在传递中才会增加。用自己的快乐去感染别人，本身就是一件乐事。

降低自己

卡图鲁斯·卢塔蒂乌斯在与钦布里人作战时，尽了最大努力去制止士兵们在敌人面前溃逃。后来他自己跑到了逃跑的士兵中间，装出胆小害怕的样子，为的是使他们显得好像在跟随他们的统帅而不是在逃避敌人，这是牺牲自己的名声以掩饰他人耻辱的例子。（《论名声不可分享》）

在现实生活中，我们仰视的人的缺陷和不足，往往会成为我们宽恕自己的理由。所以，当不如你的人一时没有达到你要求的高度时，不如适时地降低自己，给他人后退的权利。这也是一种爱心和智慧。

不要欠人情

亚里士多德说，当忒提斯讨好朱庇特时，当斯巴达人巴结雅典人时，他们并不提起他们曾向对方做过的好事——这是讨人嫌的——而是说他们从对方得到的好处。我看到有些人随随便便使唤别人，作出承诺，如果他们像一位智者那样知道欠情的分量，就不会这样做了。它有时是可以还的，但是永远还不清。对一个喜欢在广阔天地施展手脚的人，这是残酷的桎梏。（《论虚空》）

人情是一部账簿，你透支得越多，支付的本金和利息也越多。凡是自己能做的事，就亲力亲为。不要依靠别人，不要役使别人，用自己的汗水浇灌自己的收获。唯有如此，当你收获的时候，才会更加心安理得，更加开心快乐。

帮助别人要适度

几年前我阅读菲列普·德·科明，他当然是位非常优秀的作家，我觉得下面这句话说得不俗：服侍主人千万别太殷勤，免得他不知道如何赏赐你。……不久前我在塔西陀的作品里又读到这样的意思："看来能够偿还的好事令人愉快，若超出这个限度很多，我们不但不感激，还会以怨报德。"塞涅卡说得更激烈："因以不报答而感羞耻的人，愿意再也见不着那个要报答的人。"西塞罗则婉转温和："觉得自己无法报答你的人，怎么也不愿意做你的朋友。"（《论交谈艺术》）

人情是重负，你给予得越多，别人背负得越重。有时候，帮助别人要有分寸，要注意适度。

真心的帮助

阿凯西劳斯去探望病中的泰西庇乌斯，发现他家境贫困，就把钱偷偷塞到他的枕头底下。这样瞒着他做了，也就不让他觉得欠了情而感激不尽。（《论虚空》）

真心的帮助，不需要做在明处，亦不期待回报，只是默默地付出。这样的帮助，如春雨，沁人心田。

为彼此付出

我愈是看到他们高高兴兴为了我而约束自己，我愈是为他们的良苦用心感到歉意。

我们有理由相互支持，但不是这样沉重地压在他人身上，缠得他们也一起毁灭。（《论虚空》）

父母是为了子女的快乐能够承受一切辛劳的人。但不得不承认，当我们越来越懂事之后，父母的辛勤付出会给我们一种无形的压力。而解决的唯一方法，就是开始为父母的快乐无怨无悔地付出。

只有双向的付出，才不会给任何一方太大的压力。

伤害是相互的

普林尼说在印度有一种海鱼，它们对人体有毒，人体对它们也有毒。它们一接触我们就死，那么人与鱼，谁是真正的有毒？我们应该相信谁？鱼相信人，还是人相信鱼？（《雷蒙·塞邦赞》）

在这个世界上，有哪种伤害是能让加害方真心感到快乐的吗？要知道，伤害永远都是相互的。

世界上最难的事

无论我们怎样有权力、用什么方法去纠正和改造他们，我们绝不可能把他们从习俗中扳过来而不折断他们。（《论虚空》）

改变一个人，恐怕是世界上最难的事情。在爱情和友情中，如果你打算改变对方，那还不如不要开始这段感情。

坏话最好当面说

阴险、表面若无其事的侮辱，比明目张胆、吵吵嚷嚷的侮辱更叫我痛恨。（《论虚空》）

“劝善规过”是真正的朋友应该做的事情。所以，如果有“坏话”，最好当面对朋友说。如果担心朋友会不高兴，那就当面和背后都不要说。

要知道，不论是背后说的好话还是坏话，最终都会传到当事人的耳朵里。

学会反击

但是，他们没有看到在你开始后撤让出地盘时，对于向你冲锋的人会有多大的好处，只会鼓励他得寸进尺。（《凭个人浅见去判断真伪，那是狂妄》）

一味的退让，会引起更大的攻击，这恰如蒙田所说："防御会引起进攻。"（《欲望因不满足而更强烈》）。你退让的越多，对方向你冲锋时越有力。保持战斗的姿态，时刻准备反击，才能成为战争中的强者。

不要投机取巧

那些抢着快跑的人，应该把全身力量放在速度上；至于伸手拉住对方，或者伸腿把他绊倒，这都不值得加以丝毫赞赏。（《谈判时刻充满凶险》）

德国文学家歌德在《浮士德》中写道：“善良人在追求中纵然迷惘，却终将意识到有一条正途。”人在奔跑时，不要心怀诡计，而要在正道上直行。

什么最重要

我们掩盖真相；我们知道自己是怎么说的，是什么用意，在场的人也都知道，我们要我们的朋友感到我们的优势。我们隐瞒自己的想法，为了达成协议靠虚伪去拣便宜，这损害了我们的坦诚和光明磊落的名声。（《论意志的掌控》）

究竟是名声重要，还是利益重要，相信每个时代、每个人，都有不同的看法。但最重要的，还是做到问心无愧，心安理得。

私爱与正义

上帝确是我们唯一的保护人，在每件事上都可以帮助我们，还让我们有幸订下那份天父与人的亲密盟约。主既公正又慈爱万能。但是他更多使用的是正义而不是权力，根据人间公理而不是个人要求来宠幸我们。（《论祈祷》）

对于亲人和朋友，我们常常因为爱他们而不能秉持正义。我们因私人感情而爱他们，而不是因为他们值得我们去爱。人处公私之间，应杜绝私爱，秉持正义。

私交与公利

说到他（恺撒）的执法，他非常宠幸的一名仆人跟一名罗马骑士的妻子有染，尽管无人告发，他还是下令处死了那个仆人。（《斯布里那的故事》）

有了私交之后，坦率程度就会受损，带来许多不便；除此以外，一个人被雇用或收买后，他的判断就不会全面和自由，就会轻率和无法切中要害。（《论儿童教育》）

我们都喜欢不因私交而损害公利的正直之人，但没有几个人能够成为这种人。

罪恶的大小

其实罪恶是形形色色的，如同其他事物。混淆罪恶的性质和轻重是危险的。那样的话，杀人犯、叛徒、暴君太占便宜了。（《论饮酒》）

孔子说：“刑罚不中，则民无所措手足。”（《论语·子路》）足见刑罚适当的重要性。《汉书·刑法志》有言：“大刑用甲兵，其次用斧钺；中刑用刀锯，其次用钻凿；薄刑用鞭扑。”亦阐明了罪与刑应当相合的道理。

所以，在生活中，有人犯了小错，无须咬牙切齿；有人犯了大错，也不可随意地网开一面。错有大小，罚有轻重。

错了就是错了

因软弱造成的错误与因恶意造成的错误，中间有巨大的差别，这样说实在是有道理的。恶意是我们有心鼓动自己违背天性形成的理智规则。至于软弱，不妨也可拿天性来自我辩护，说是它造成我们这样的不完美和缺陷。以致不少人想到，只有违背自己良心做事才可以加以责备。（《论对懦夫行为的惩罚》）

不论是因软弱造成的错误，还是因恶意造成的错误，都是可以通过努力改正的。只要有改正的可能，就没有理由觉得心安理得。错了就是错了。

以德报怨

复仇是一种大快人心的情绪，生来就很强烈。我看得很清楚，虽然尚无亲身体验。最近，为了要一位年轻的亲王打消此意，我不跟他说有人打了你耳光你要把另一边腮帮伸给他，履行慈善的义务；也不跟他说诗歌中这种情绪引发的种种不幸事件。我不提复仇，而是饶有兴趣地要他体味反着去做会有多美的前景：他宽容与善良会带来的荣誉、恩惠和好意。结果就这样做成了。（《论分心移情》）

生活中所谓的“仇恨”，仔细想想大多是小事。如果以怨报怨，往往会引起更大的对立；如果以德报怨，反而会收获友谊。

第三章

家庭与教育

天伦之乐，是人生至福，对此，蒙田亦多有论述。男女之间的爱情，是人间至纯至柔的情感，值得我们一生追求，一生铭记；父母与子女之间的亲情，是人间至善至美的情感，值得我们一生呵护，一生付出。人来自于家庭，也终会回归于家庭，对家庭肩负责任和重担。赡养父母、扶助兄弟、珍爱伴侣、教育子女，是我们每个人都应该尽力而为的毕生事业。

如何才能找到真爱？

爱情憎恶人们不是因为它而联结在一起，其中掺入了其他名义的干预就会显得无精打采，比如婚姻讲究门当户对，跟风度、美貌同样重要，或许还更加重要，也会这样。（《论维吉尔的几首诗》）

如果没有爱情，没有意愿，只像演戏似的凑在一起，因年龄与习俗的需要共同扮演一个角色，只是在嘴上说得好听，这样做万无一失，却是懦夫行为，这就是害怕风险而甘愿放弃荣誉、利益或欢乐的人。（《论三种交往》）

每个人都渴望一份真挚而纯粹的爱情，但真正有幸找到真爱的人并不多。蒙田说："真心实意渴望得到的东西才会真心实意享受其带来的欢乐。"（《论三种交往》）用真爱赢得真爱，也许是在这个复杂世界收获纯粹感情的唯一途径。

要爱爱人本身

在爱情中还有一件事，就是我们得不到时反而有一种疯狂的欲望。（《论友爱》）

如果没有想清楚自己爱的究竟是对方本身，还是那种面对挑战的感觉的话，还是先不要谈论爱情为好。

激情过后

我们的欲望轻视和无视到手的东西，而追求得不到的东西；不许我们做的事，也就是煽动我们欲望的事。（《欲望因不满足而更强烈》）

心爱的女人把你拒之于门外是难受的，但如果你唾手可得、随心所欲，其实会更加难受：我们苦恼和生气是因为我们对希望得到的东西有很高的评价，这会激起我们的爱情，使我们爱得更加热烈；但是，完全占有会产生腻烦，爱情会变得萎靡不振、呆头呆脑、筋疲力尽、无精打采。（《欲望因不满足而更强烈》）

莎士比亚说："不太热烈的爱情才会维持久远。"马克思说："在我看来，真正的爱情是表现在恋人对他的偶像采取含蓄、谦逊甚至羞涩的态度，而绝不是表现在随意流露热情和过早的亲昵。"正所谓"细水长流"。如果当激情退去之时，你依然愿意守着心里的那个人，那么这份感情才真正值得珍惜。

美貌的暴政

我怎么说也不嫌多的是，我认为美貌真是强大和占便宜。苏格拉底称它为“短期暴政”，柏拉图说它是“自然物权”。还没有比美貌更威风的。在人际交往中它占第一位。它先声夺人，给人印象威严美妙，迷得我们的判断也随之左右。（《论相貌》）

美貌是一种暴政。虽然能让很多人俯首称臣，但毕竟难以长久。所以，不要因美貌而去爱一个人，否则，当岁月褪尽红颜，我们的爱又将依附何处？美貌易逝，美德长存，爱人要爱他最真实的灵魂。

讨厌有钱人

但是有人劝我不要娶有钱人家的女儿,怕这样的妻子娇贵,不好侍候,这完全是为了一个不足为信的猜测而失去一个真正的机缘,他们这样说是不对的。对一个不通情达理的女人来说,任何理由都是说服不了她的。她们愈是输理的时候愈是自我欣赏,歪理就是吸引她们。而贤淑的女人,以自己的品行为荣,愈富有愈愿意做好事,就像愈美丽的女人愈要高傲地保持贞节。(《论父子情》)

金钱和美貌这些外在的东西,都不应成为判断一个人是否值得交往的标准,唯有品质可以。

仇富、嫉妒别人的美貌,这都是不成熟的表现。

尊重恋人

当今世界在这件事情上必须大胆，我们的年轻人可以把热情作为借口而加以原谅。但是若进一步观察，他们会发现大胆更可以说是来源于轻蔑。我谨慎小心只怕冒犯人家，乐意对我的所爱表示尊重。还不说在这类交往中，谁缺乏尊重，也就使爱有所减色。（《论维吉尔的几首诗》）

爱情中，有一种奇怪的现象：越是爱，越是不敢接近；越是真心，越是不敢表白。这正如电影《后会无期》中的台词所言：“喜欢就会放肆，但爱就是克制。”

杜绝甜言蜜语

对君王毒害最深的莫过于阿谀奉承，坏人也最容易以阿谀奉承获得周围人的信任。用好话来哄骗和取悦女人，诱使她们失去贞节，最有效与普遍的做法也是曲意逢迎。（《论荣誉》）

一个道德感极差的人，常用甜言蜜语去获得女性的情感。对他来说，诱骗情人是一种聪明，而把情人娶回家是一种愚蠢。聪慧的女性，请把这样的人挡在心门之外。

天长地久的秘诀

如果我们长在，保持一成不变，我们怎么此一时享受一件事，彼一时享受另一件事呢？我们怎么去爱或去恨、去赞美或去指责截然不同的事呢？我们怎么对同样的思想不再保持同样的看法，而产生不同的热情呢？我们自身不改变是不可能有其他的印象的。（《雷蒙·塞邦赞》）

真正的爱情，成熟于两个人共同的进步之中。在爱情中，不要停滞，要随时更新自我。唯有如此，爱情才会天长地久。

婚姻与友情

好的婚姻——如果世上存在好婚姻的话——拒绝接受爱情的伴随和爱情的特性，而是力图体现友谊的性质。婚姻是一种温馨的共同生活，充满忠贞、信赖，以及无数相互间的有益而实在的帮助和责任。（《论维吉尔的几首诗》）

英国著名军事家约翰·穆尔曾说：“友谊要像爱情一样才温暖人心，爱情要像友谊一样才牢不可破。”因为爱情往往抵不过时间的消磨，友情却能够历久弥新。

维持婚姻

如同鸟笼一样：笼外的鸟拼命想进去，笼内的鸟拼命想出来。（《论维吉尔的几首诗》）

蒙田的“笼外的鸟拼命想进去，笼内的鸟拼命想出来”，跟钱锺书《围城》中描述的“城外的人想进来，城内的人想出去”有异曲同工之妙，都表达了一种“不管娶妻或不娶妻，总会后悔的”（古希腊·苏格拉底）心态。

既然不论如何都会后悔，那最重要的事情就是以何种心态面对后悔，如何让后悔变成无怨无悔。坊间流传一种说法，不见得一定对，但值得我们所有人思考：“恋爱时最重要的，是当作已经结了婚；结婚后最重要的，是当作这婚还没结。”

婚姻中的瞎子

那个人我觉得他深谙人生，他说老婆是瞎子，丈夫是瞎子，婚姻才会美满。（《论维吉尔的几首诗》）

爱情，要用心甄别；婚姻，要用心维持。恋爱时，要用显微镜观察对方的缺点；结婚后，要用放大镜欣赏爱人的优点。幸福的婚姻离不开宽容和忍让。

父母与子女

传说埃及国王普萨梅尼图斯被波斯国王冈比西击败俘虏以后，看到女儿成了囚犯，穿了奴婢的衣服，被人使唤去打水，走过面前，周围的朋友都流泪哀号，他自己却默不作声，一言不发，眼睛盯着地面；不一会儿又看到儿子被人拉走处死，他依然保持原来姿势；但是窥见自己的一名朋友夹在俘虏队伍中，他捶打脑袋，痛苦异常。冈比西问普萨梅尼图斯，为什么对自己子女的痛苦表现冷漠，而对朋友的痛苦那么难以释怀，他回答说："对朋友的痛苦可以用眼泪纾解，对子女的痛苦是任何方式都不能表达其感情的。"（《论悲伤》）

父母对子女的爱，撼动天地，令人动容。

爱就要说出来

已故的德·蒙吕克元帅有一个儿子，是一位正直、年轻有为的贵族，不幸死于马德拉岛上。元帅丧子以后向我透露，他有许多遗憾，其中最令他痛心的是他觉得从未与儿子有过内心的交流。他摆出父亲的威严，使他永远失去体会和了解儿子心意的机会，向他表示自己对他深沉的爱和对他的品德的钦佩之情。他说："这个可怜的孩子在我脸上看到的只是皱紧眉头、充满轻蔑的表情，始终认为我既不知道爱他也不知道正确评估他的才能。我心里对他怀着这种异常的感情，我还要留着给谁去发现呢？知道了又欢喜又感激的还不是他么？而我压抑和限制自己，去摆出这张假装有尊严的脸。我失去了跟他交谈、对他表示爱的乐趣，他对我也必然非常冷淡，因为他从我这里得到的只是严厉对待，感到我的态度犹如一名暴君。"（《论父子情》）

不论是亲情、友情还是爱情，只要心中有爱，就要用语言表达出来，用行动表示出来，不要留下任何遗憾。

温柔地对待孩子

训练一颗温柔的心灵去向往荣誉和自由，我反对在教育中有任何粗暴对待。在强制行为中总有一种我说不出的奴役意味。我的看法是：不能用理智、谨慎和计谋来完成的事，也无法用强力来完成。（《论父子情》）

发自内心的尊敬才是真正的心悦诚服。父母应该以自己的美德影响和教育孩子。

为孩子花钱的标准

有的父亲在他们童年时不惜花钱买玩具，对他们成长后所需的费用却很吝啬。（《论父子情》）

一个年迈衰老、奄奄一息的父亲，坐在火炉旁独自享受足够好几个孩子培育之用的财产；他的孩子苦于经济拮据而虚度青春年华，无法为大众服务又不能阅历人生，这是很不公平的。（《论父子情》）

在孩子小的时候，不应该满足他所有关于玩具的要求，这可以让孩子明白，钱不是可以随便花的。在孩子长大成人以后，不应该吝啬对孩子的经济帮助，这可以让孩子明白，父母永远是他最坚强的后盾。

钱花对了地方，可以增进父子之间的感情；钱花错了地方，可以毁掉一个孩子的一生。

骨肉之情

约离因斯布鲁克四里地，在右边一条非常狭窄的小道上，我们遇到一块精致的铜铭牌，钉在岩石上，上面有这样的拉丁文铭文：“一五三零年，查理五世接受皇帝加冕典礼后，从西班牙和意大利回驾途中，他的弟弟、匈牙利与波西米亚国王斐迪南从潘诺尼亚过来与他在此相会，之前两人相互思念，但已八年没有见面。斐迪南国王下旨在他们见面相互拥抱之处立碑纪念。”（《意大利之旅》）

明末清初大思想家黄宗羲曾说：“骨肉之间，多一分浑厚，便多留一分亲情，是非上不必太明。”血浓于水的骨肉亲情，永远是这个世界上最难以割舍的情义。

给孩子起个好名字

同样，俗语说名好运旺，这里指的是名望、名声；此外名字漂亮确有方便之处，容易念，容易记，因为王公大臣我们都常见，也不会轻易忘掉；在那些伺候我们的人中间，我们一般都是指派和使唤那些名字最容易上口的人。我看到从加斯科尼来的一位贵族，亨利二世从来不曾把他的名字念准过。对王后的一名宫女，他居然只用姓氏称呼，因为她父亲起的名对他来说好像实在太拗口了。

苏格拉底认为，父亲应该用心给孩子起个好名字。（《论姓名》）

名字是伴随一个人一生的标签。好名字，既要朗朗上口，又要有美好的寓意。为孩子起一个好名字，是所有父母的职责。

充实自我

当人生过去后才有人教我们怎样生活。……我们的孩子更为紧迫，他只是在人生的最初十五六年期间求学，其余的岁月则投身于行动。

必要的教育要在那么短的时间完成。时间不可滥用。（《论儿童教育》）

托勒密一世为增强体魄天天用武器操练，菲洛皮门对盛赞国王的人说：“他那个年纪的国王进行这类操练不值得称赞，他早应该用之于实际了。”（《凡事皆有其时机》）

为学须早，不要在人生落幕的时刻，才去学习如何操控人生的马车。因为正如蒙田所说，那时候已经“没有脱胎换骨的时间了”（《论意志的掌控》）。所以，人要趁年轻的时候，尽可能地充实自我。

听听孩子说什么

强迫天性还是很难的。由于选错了道路，训练孩子去做今后无法让他们立足的事，往往多年的心血都会白费，这样的事常有发生。由于这样的困难，我主张引导他们去做最有益最有效的工作，不应该从他们童年的行为对他们的前途妄加猜测。（《论儿童教育》）

即使父母和孩子骨肉相连，也是精神上彼此独立的个体，没有谁能替谁做决定。更多的时候，父母应该听听孩子的意愿，只要不是危险或违法的事情，就可以放手让孩子去做。在不断的尝试之中，孩子必将学到更多父母无法用语言传达的生活哲理。

孩子的速度

老师应让学生在他前面小跑，以便判断其速度，决定怎样放慢速度以适应学生的程度。如果师生的速度不相适应，事情就会弄糟。善于选择适当的速度，取得一致的步调，这是我所知道的最艰难的事。一个高尚而有眼力的人，就要善于屈尊俯就于孩子的步伐，并加以引导。（《论儿童教育》）

也许屈尊俯就于自己孩子的步伐，并不是一件难事，难的是用同样的态度对待所有的孩子，更难的是不仅愿意屈尊俯就于孩子，还愿意“屈尊俯就”于所有在某个方面不如自己的人。

当今的问题是，我们太容易崇拜某个遥不可及的人，却不愿意尊重身边触手可及的同伴。

做个力量无边的人

有一个女孩子，是法国公主中的佼佼者，她在谈到某人时对我说，那人从外部接受了许多博大精深的思想，必定把自己的思想挤压得缩成了一点点。

我很想说，植物会因太多的水而溺死，灯会因太多的油而熄灭，同样，人的思想会因装满纷繁杂乱的东西，以致理不出头绪，压得人腰弯背驼，枯萎干瘪。但也有相反的情况，我们的思想越充实，就越开阔。在古代可以找到这样的例子，有些伟大的统治者、杰出的将领和谋士，同时也是非常博学的人。（《论学究式教育》）

我们会说："西塞罗是这样说的；这是柏拉图的思想特点；这是亚里士多德的原话。"但是我们自己说什么呢？我们评判什么呢？自己做什么呢？可以说是鹦鹉学舌。（《论学究式教育》）

如果我们能背诵出众多的名人名言，那只能说明我们知道得多，而不是思考得多。一个会思考、有思想、能判断的人，才是一个真正力量无边的人。

学习善良

知识如果不能改变思想，使之变得完善，那就最好把它抛弃。拥有知识，却毫无本事，不知如何使用——还不如什么都没有学——那样的知识是一把危险的剑，会给它的主人带来麻烦和伤害。（《论学究式教育》）

一个人不学善良做人的知识，其他一切知识对他都是有害的。（《论学究式教育》）

脚跛的人不宜做体力运动，心灵跛的人不宜做智力运动，恶劣与庸俗的人不配学哲学。（《论学究式教育》）

学习知识最重要的任务是将真善美的情愫植根于人的思想深处。若无良善的心灵，知识只能成为作恶的工具。

教育的目的

我很乐意再来谈谈我们教育制度缺少活力的道理。我们的教育目的是要我们博学，不是要我们善良与聪明。它达到了这个目的。它不教我们学习追随美德和行事谨慎，但是它要我们头脑里记住这两个词的派生与词源。我们知道“行善”这个词的变格，却不知道热爱行善；我们不必知道在思考与生活中谨慎行事，只要记住这词怎么乱念就够了。（《论自命不凡》）

教育的目的应该是培养更多善良、温暖、有思想的人，而不是打造更多只会按指令运作的冰冷机器。

学得好与学得多

有人经过时你不妨对大家喊："嗨，那是个有学问的人！"再有一人经过时，你喊："嗨，那是个好人！"不大一会有人转过身朝第一个人看一眼，表示敬意。必须有第三个人喊："嗨，那是个博学的人！"我们就会乐意打听："他懂希腊语还是拉丁语？他写诗歌还是散文？"但是他是否变得更优秀或更明白事理，这问题才是主要的，却是最没人提及的。应该打听的是他是不是学得更好了，而不是学得更多了。

我们学习只是让记忆装满头脑，却让理解与意识一片空白。犹如鸟儿出去觅食，不尝一尝就衔回来喂小鸟，我们的学究也从书本里搜集知识，只是挂在嘴边，然后吐出来，不管被风吹往哪里。（《论学究式教育》）

知识不只在于博，更在于精，故学得多，不如学得好。知识不靠记忆，靠的是理解与吸收。只有真正理解和吸收的知识，才能内化为自我的一部分。生命不是记忆的容器，知识应该融入血液和行动中。

不是所有的知识都是力量

我们这些研究过自己的人已经学会了这样做，谁听到一句格言，立即考虑如何适用于自身，不是看它说得机智聪明，而是看它对自己平庸愚蠢的判断是一个良好的鞭策。但是大家听到具有真知灼见的话，都觉得这是针对他人而不是针对自己而言的。不是把这些话运用到习俗中去，而是保留在记忆中，非常愚蠢非常无用。（《论习惯与不轻易改变已被接受的法律》）

我们接受了他人的看法与学问，仅此而已。必须把这些看法与学问化为自己的。（《论学究式教育》）

知识不能仅仅储存在头脑里，更应该体现在行动上。知识是一种唯有被贯彻到行动之中的时候，才会爆发的巨大力量。

言传不如身教

他们说出来的漂亮话，要由别人去做。……他们知道一切事物的理论，却要找人付诸实施。（《论学究式教育》）

我不会出头跟大家说该做什么——出头说的人已经够多了——而是我做的是什么。（《论友爱》）

这方面建立上帝的公正，父亲的缺点报应在孩子身上；同样，父辈的罪恶也在孩子的灵魂中得到反映，父辈的骄奢淫逸也感染到孩子。（《雷蒙·塞邦赞》）

古时候，有一位宰相夫人非常重视儿子的前途，她每天不辞劳苦地劝告儿子要努力读书，要有礼貌，要讲信用，要忠于国君。而宰相每天一大早就离开家去上朝，晚上回来就看书，几乎不过问儿子的事。

爱子心切的夫人终于忍不住说："你别只顾你的公事和书本，也该好好地管教管教你的儿子啊！"谁知宰相眼不离书地回答夫人道：“我时时刻刻都在教育儿子啊！”

请相信，不论是教育孩子，还是说服他人，身教的力量远远胜过言传。

问与做

他（恺撒）常说，大事业应该去做，不是应该去问。（《观察朱利乌斯·恺撒的战争谋略》）

人在语言中无法成为君王。德国哲学家约翰·费希特说："行动，只有行动，才能决定价值。"问得多，不如做得多。

亲历苦难

谁不亲身经历艰难辛苦，谁就不会真正体验艰难辛苦带来的荣誉与欢乐。……让一个人一切都不劳而获，你这是在毁灭他。（《论身居高位的难处》）

我若有儿子，希望他们有我这样的命运。……让他们在民众与自然规则下受命运的抚养，让他们随习俗的抚养，过节俭刻苦的生活。宁可让他们从艰苦中走过来，而不是向艰苦走过去。（《论阅历》）

一个人只有深味生活的艰辛，才会懂得珍惜生活；只有从磨难中走过来，才会习得淡定处事的智慧。

亲历苦难，是人生中一笔宝贵的财富。

去和生活搏一搏

我多么乐意当代杰出的宫廷舞蹈家帕瓦里或庞培，只要求我们观看他们的表演，不必要离开位置就可以学会蹦蹦跳跳。这就像那些人要我们提高理解力却不要动脑子，要我们学骑马、掷标枪、弹琴或练声，又不要我们练习，要我们学习明辨是非和善于辞令，又不要我们判断和说话。（《论儿童教育》）

骨肉之情会使即使最明白事理的父母也过于心软，导致他们对儿女的放纵。他们舍不得惩罚他的过错，眼睁睁看着他的生活像常人一样随便和冒风险。他们也受不了他汗流浃背，满身尘土从操练场回来，有热喝热，有冷喝冷。他们看不得他骑在烈性马上，手执无锋剑或拿起第一把火枪跟严厉的教师对抗。（《论儿童教育》）

温室中培育的花朵，禁受不住四季的酷暑严寒；保护中长大的孩子，经不起人生的大风大浪。体魄在风雨中铸就，精神在烈火中淬炼。父母必须放手，让孩子去和生活搏一搏。

没什么了不起

此外，依我之见，孩子受父母溺爱，或者从小就知道自己家是豪门贵族，这对他只有坏处。（《论儿童教育》）

唯有让孩子在小时候觉得自己没有什么了不起，长大了才可能变得了不起。

勿以恶小而为之

柏拉图训斥一个爱玩骰子的孩子。孩子回答他说："为这点小事也要骂我。"柏拉图说："习惯可不是小事。"我发现我们身上最大的恶习都在幼年时已见端倪，最主要的教养由乳母一手造成。母亲看到孩子拧断鸡的脖子，追打一条狗和一只猫，只当是种消遣。而父亲更是愚蠢之至，看到儿子对着一个无以自卫的农民或仆人又打又骂，当成是尚武精神的好苗子；看见他对同伴刁滑欺骗，当成是机灵的表现。

这些实在是残酷、暴戾、不讲信义的种子与根源。在那时发芽、茁壮成长，成了恶习后难以铲除。以年幼无知或鸡毛蒜皮小事为由而原谅这些不良倾向，这是后患无穷的教育方法。首先，这是天性在说话，声音还尖细，因而也更纯更响。第二，欺骗的丑恶并不在于骗取的是金币还是别针，而是其本身。因而我认为这样说是有道理的："既然他会骗别针，怎么就不会骗金币呢？"这要胜过另一种说法："他只是骗别针，要是金币就不会这样做了。"

应该细心教育孩子从情理上去憎恨罪恶，识别它们本质上的丑陋，不仅在行动上，而且在心灵上都要远远躲开；不论罪恶戴着什么假面具，一想到就厌恶。（《论习惯与不轻易改变已被接受的法律》）

据《三国志·蜀志》记载，刘备在去世前给其子刘禅的遗诏中写道："勿以恶小而为之，勿以善小而不为。惟贤惟德，能服于人。"这是我们都熟悉的典故和语句，但真正能做到的人又有多少呢？

做个勇敢的人

要让孩子的言谈闪烁着良知和道德,唯有理性作指导。教他懂得,当他发现自己的论说有误时,即使旁人尚未发现,也要公开承认,这是诚实和判断力强的表现,而诚实和判断力正是他觅求的重要品质;还要他懂得,坚持或否认错误是庸人的品质,这在越是卑贱的人身上越明显;他应该知道,修改看法,改正错误,中途放弃一个错误的决定,这是难能可贵的品质,是哲学家的品质。(《论儿童教育》)

与做坏事相比,敢于承认并改正错误需要更大的智慧和勇气。

引导与禁止

有人向父亲提过建议，其中一条是让我对做学问与做人的道理感兴趣，不能强迫我的意志，而要我自己产生欲望；在温情与自由中培育心灵，不要严厉与束缚。（《论儿童教育》）

这时，我一口气读完了维吉尔的《埃涅阿斯记》，然后泰伦提乌斯，然后普劳图斯、意大利喜剧，总是被温情的故事深深吸引。假若他当时发了疯禁止我阅读这类书，我相信我从学校带走的只是对书籍的憎恨，我们的贵族阶层差不多都是这样的。

那位老师处理得很巧妙。他装作什么都没看见，只让我暗中贪读这些书来刺激我的欲望，同时又和蔼地引导我在正规课程上作出努力。……要提防的不是我做坏事，而是我不做事。（《论儿童教育》）

孩子是一股清泉，若加以堵塞，难免会溢出堤岸；若加以疏浚，则会通达江河。引导比禁止更重要。

听听孩子怎么说

若多一点宽容，说不定危害性要减去不少。这是一座真正的少年犯拘留所。在他们没有堕落以前就惩罚他们堕落，才使他们真正堕落了。（《论儿童教育》）

我们看到孩子偷妈妈钱包里的钱，却看不到他为妈妈买生日礼物的孝心。所以，在责罚孩子之前，先耐心听听他们的解释吧。成人多点耐心，多点宽容，孩子的人生就会拥有更多的快乐和可能。

不要对孩子发怒

尤其是我经过街上看到怒气冲冲、暴跳如雷的父母恨不得把他们的孩子剥皮抽筋，打得死去活来，多少次我有意想个坏主意为孩子们出口气！你就会看到做父母的会七孔冒烟，两眼冒火……发怒最易导致判断失误。对于因发怒而错判的法官，谁都会毫不犹豫地对他处以死刑，那么，为什么就允许家长和教师在发火时鞭打和惩罚孩子呢？（《论发怒》）

苏格拉底说：“最有效的教育方法不是告诉他们答案，而是向他们提问。”父母如果草率地对孩子发火或体罚，则是连“答案”都没有告诉他们，是最不可取的教育方式。

生活中的小快乐

攻破一座要塞，率领一个使团，治理一方人民，这是威风显赫的大事。责备，欢笑，买与卖，爱与恨，跟家人与自己平静地交谈，不懈怠，不否认自己，这些事更小，更难，也不引人注目。（《论悔恨》）

“大儿锄豆溪东，中儿正织鸡笼。最喜小儿无赖，溪头卧剥莲蓬。” 南宋大文学家辛弃疾在《清平乐·村居》中描写的这一场景，总能让读者会心一笑，因为这其中有暖暖的亲情、淡淡的幸福。

平凡生活，亦有偶得之乐。我们要学会品味生活，享受平淡生活中的小欢乐。

都是小事

最薄最细的刀口割肉最快，就像小字体最伤眼睛，因而鸡毛蒜皮带来的气最容易放在心里。大伤害不管怎么大，也都不及日积月累的小伤害那么令人记恨。这些家庭荆棘又长又密又硬，不动声色地，冷不防地会轻易刺上我们，扎在肉里很深。（《论虚空》）

这类日常滴滴答答的漏水声会把我淹死。日常的疙瘩绝不是小事。它们无休无止，无法补救，尤其来自一生一世、永不分离的家庭成员之间。（《论虚空》）

沟通，是解决家庭矛盾最有力的武器。只要把事情说开了，把心里的感受说明白了，你就会发现，一切都是小事。

属于自己的地方

这是我的地盘。我也竭力要独霸一方，不让这个小角落并入夫妻、父子、亲友共同的大集体。在其他地方我只是一种口头权威，实质上是含糊不清的。依我看，有的人很可怜，在家里没有自己的位子，没有自己的享乐，没有自己的藏身处。（《论三种交往》）

不论是在空间上，还是在心理上，每个人都应该有属于自己的地方。在这个地方，我们可以放肆地笑，尽情地哭，随意地发呆。唯有在这里调整好自己的情绪，才能以更好的面貌面对家人和朋友。

长久与短暂

伊索克拉特向他的国王提出的劝谏，我觉得不是没有道理的："他可以添置华丽的家具与精致的器皿，因为这些东西使用得很长久，还可以传于子孙后代；但是应该避免一切在生活与记忆中迅速过去的奢华方面的挥霍浪费。"（《论马车》）

人的一生，一路拾取，一路丢弃。有些东西会成为我们生命的一部分，比如家人、爱人、朋友；有些东西则只是过客，比如一次豪华的晚宴、一场疯狂的迷醉。有些东西，要用心追求；有些东西，切勿挥霍浪费。

为爱你的人而活

他（塞涅卡）这样说："她让我去了，再三嘱咐我注意健康。我知道我的身体里有她的生命，我照顾自己也是在照顾她；年老让我有一种特权，使我在许多事情上更加坚定不移。我现在正在失去这个特权，然而我要这样想，在这位老人身上另有一个年轻人的生命，需要我的照顾。既然我不能使她更勇敢地爱我，至少她使我更勇敢地爱自己，因为真正的感情是需要寄托的，有时命运逼迫我们走另一条路，我们即使怀着痛苦也必须召唤生命。……"（《论三烈女》）

人不仅为自己活着，也为他人活着。我们的生命是他人生命的一部分。"考虑他人而回到生命"（论三烈女》），尊重别人对我们的期望，是一种伟大的生存。我们不仅要为自己，也要为所有我们爱着和爱着我们的人而活。

第四章

自然与宗教

人是自然和众神的孩子，拥有大自然赋予的物质财富和灵性生命。无论独处还是旅行，自然都是我们温暖的港湾。然而，越来越多的人却在疏离自然，并试图成为自然的主人。他们以自己为万物的尺度，只看到自然资源可以带来的利益，却忽略了自然的脆弱和眼泪。要知道，大自然不曾偏私任何一种生灵，它意欲大家相亲相爱。

人类在伤害大自然的同时，也打起了宗教的主意。有些人并不信仰宗教，却总在做了错事以后，企图用自己的痛苦取悦神灵，寻求内心的宽慰。蒙田告诫大家，不要打着宗教的幌子心安理得地做坏事。

其实，自然和宗教，都是人类灵魂和身体的安居之所。唯有从心底热爱自然，在心里相信点什么，我们才可能真正感受到快乐。

做好当下的事

我跳舞时跳舞，睡觉时睡觉，在美丽的果园里独自散步时，即使有一阵子会浮想联翩，大部分时间思想还是会回到散步、果园、这时独处的好处和我自己。大自然慈爱地安排了这一切，赐给我们满足需要的活动也同样充满欢乐，不但让我们从理智上也从肉欲上去接受。破坏这些规则是不公正的。（《论阅历》）

该工作的时候工作，该学习的时候学习，该放松的时候放松。如果我们能真正做到专注于眼前的事，就会发现，工作是能做完的，学习是能挤出时间的，放松是可以尽兴的。

生活原本很美好，是我们自己搞砸了而已。

旅行的价值

旅行我觉得还是一种有益的锻炼，见到陌生新奇的事物，心灵会处于不停的活跃状态。我常说培养一个人，要向他持之以恒地介绍其他五花八门的人生、观念和风俗，让他欣赏自然界各种形态生生不息的演变，我不知道除此以外还有什么更好的学校。（《论虚空》）

读书，是在阅读他人的故事；旅行，是在书写自己的故事。与人、与世界、与自然交往，心有所触，情有所动，常于无意间多有所得。

心的旅行

有人对苏格拉底说，某人旅行归来心境并没有丝毫好转。苏格拉底说：“我相信也是，他是带着忧愁一起走的。”（《论退隐》）

旅行要带走的，不仅是身体，更是灵魂。“所以离开人群是不够的，换个地方是不够的，应该排除的是心中的七情六欲”（蒙田《论退隐》）。

旅行不是走马观花

那几天，他只是以研究罗马为乐。起初他雇了一名法国导游；但是这个人脾气古怪不干了，他一气之下凭自己的研究把罗马认识个透。晚上他精心阅读各种不同的图片和书籍，白天到各个地方印证自己得到的书本知识；以致不多几天，他可以绰绰有余给他的导游当导游了。他说大家看到的罗马只是它顶上的一片天空和它的地理位置；而他对它的认识是抽象的、静观的，这里面的东西不是单靠感官理解的。（《意大利之旅》）

一般的旅行，多是走马观花；真正的旅行，则是心灵的体验，并试图将这种体验内化为自己的一部分。在他乡收获的思想和快乐比在他乡拍的照片更重要。

旅行同伴

我只是觉得少了个我那么盼望的同伴，欣赏那些美事却无人与我分享和交流。（《意大利之旅》）

人生的很多事情，需要有一个共同分享的灵魂。旅行如是，爱情如是，所有快乐的事情亦如是。

发现身边的美

这里跟别处一样，当地人瞧不起我们好不容易来这里寻找的东西。（《意大利之旅》）

时常有人抱怨，说自己没有钱也没有时间去旅行。其实，旅行不一定要走很远。就像很多北京人没逛过故宫，很多上海人没游过东方明珠一样，你的身边一定也有被你忽视的美景。

文明与野蛮

现在言归正传，我觉得，根据我听说的情况，那个国度里没有什么是野蛮和残酷的，除非大家把不合自己习俗的东西称为野蛮罢了；就像事实上，我们所谓的真理与理性，其标准只是借鉴我们所处国家的主张与习俗而已。我们这里的宗教是完美的，政体是完美的，一切的一切都是十全十美的。而他们都是野蛮的，就像我们把天然环境中按照自身进程成长的果子称为野生的一样。其实，应该称为野蛮的，倒是被我们人工歪曲、脱离共同秩序的那些人。在前面所说的那些人身上，真正的、有益的、天然的美德与特性更加强烈活跃；在后面所说的那些人身上，这些美德与特性都被磨灭了，而去迎合恶俗的乐趣，追求欢乐。（《论食人部落》）

文明与野蛮是人为的划分。人们按照自己的风俗和习惯，把与自己相异的人称为野蛮人。标榜文明的人，打着文明的幌子，对他人的习俗、他人的故乡、他人信仰的宗教进行攻击。这是文明人身上的野蛮。

亲近自然

我们从前也是这样的；但是就像用人造光弄暗了日光，我们也用人为的方法削弱了天赋的抵抗力。显而易见的一件事是，习惯使原来未必办不到的事变得办不到了。那些不知道衣服为何物的民族，有些差不多跟我们住在同一片天空下。身上最娇弱的部分，如眼睛、嘴、鼻子、耳朵，总是裸露在空气中。农民还是像我们的祖辈，胸部与腹部也是裸露的。如果我们出生后只是穿短裙和短裤，大自然毫无疑问会使我们饱受四季摧残的部位长上厚厚一层皮，就像我们的手指和脚底。（《论穿戴习惯》）

人发明了各种工具，虽便利了生活，但也削弱了体质。人，渐渐失去了自然界赋予的力量，不再能抵御自然界的寒暑。人需要适度地亲近自然，拉近人和自然的距离，成为自然的一分子。

爱护动植物

虽则对事情不能做到面面俱到，还是应该说有一种尊敬，或者说人类的普遍义务，不但对于有生命有感情的动物，并且对树木花草都要有爱惜之情。我们对人要讲正义，对其他需要爱护和珍惜的生物要爱护和珍惜。生物与我们之间有交往，有相互依赖。我毫不在乎说出自己天性中的幼稚温情。我的那条狗即使是在不适宜的时刻跟我嬉戏，我也不会拒绝。（《论残忍》）

普鲁塔克说，为了贪图小利把一头长期给他干活的黄牛卖给屠宰场，会使他良心不安。（《论残忍》）

动物，是我们的好伙伴；植物，也与我们相互依赖。爱护动植物，就是爱护我们自己，保护我们心中善良的天性。

人与动物是平等的

我说这话是强调人间的事是相通的，把人类融入到大环境中。我们并不高于也不低于其他创造物。贤人说，在日光之下的一切接受同样的法则和祸福。这里面有区别，有不同的等级和程度，但是大自然的面貌是相同的。人也应该被限制和安排在这种法则范围内。可怜的人也不能越雷池一步；他受到束缚和阻碍，跟同类的其他创造物一样服从相似的义务，享受一般的条件，没有真正和主要的特权和优待。人对自己想入非非，既无实质也无意味，说来也是，动物之中唯有人有这种想象的自由，不着边际地对自己提出什么是，什么不是，什么要，什么不要，真真假假——这是人的一个长处，得来不易，但是不必为之兴高采烈，因为正由此产生了痛苦的源泉，使他困扰不安：罪恶、疾病、犹豫、骚乱、失望。（《雷蒙·塞邦赞》）

人和动物，皆有自身的局限性，皆有自身之累。我们都是大自然的孩子，为什么还要相互欺凌呢？

敬畏自然

为什么一头小鹅不能这样:“宇宙万物都瞧着我;地球是给我走路的,太阳是给我照亮的,星星是给我传送感应的;风给我这样的方便,水给我那样的方便;天底下就数我过得最美,我是大自然的宠儿,人要给我吃,给我住,还要侍候我,不是吗?他们为了我种麦子,磨麦子;他们吃我;那算什么,他们不是还吃自己的同伴吗?就像我也吃蛆虫,而蛆虫又杀死他们,吃他们。”鹤也可以说这样的话,况且它们还更了不起,还有展翅凌空、翱翔云天的自由。(《雷蒙·塞邦赞》)

天地为万物而设,不独为人。人虽然可以主宰一些动物的命运,但也会被其他动物,甚至细菌、病毒这样微小的生物杀死。所以,人类不要再有高高在上的感觉了,其实人类和蒙田笔下的小鹅一样,都是自然的孩子,都应该学会对自然心存感激,更要心存敬畏。

子非鱼

自高自大是我们与生俱来的一种病，所有创造物中最不幸，最虚弱，也最自负的是人。他看到自己落在蛮荒瘴疠之地，四周是污泥杂草，生生死死在宇宙的最阴暗和死气沉沉的角落里，远离天穹，然而心比天高，幻想自己遨游在太空云海，把天空也踩在脚下。就是这种妄自尊大的想象力，使人自比为神，自以为具有神性，自以为是万物之灵，不同于其他造物主；动物其实是人的朋友和伴侣，人却对它们任意支配，还自以为是地分派给它们某种力量和某种特性。他凭自己怎样的小聪明知道动物的内心思想和秘密？他对人与动物作了什么样的比较就下结论说动物是愚蠢的呢？（《雷蒙·塞邦赞》）

惠子问庄子："子非鱼，安知鱼之乐？"（《庄子·秋水》）我们不是鱼，不是鸟，不是任何一种小动物，自然无法真切地感受到它们的内心；我们甚至无法知道另一个人到底在想什么。

那么，我们又有什么资格妄自尊大，以为自己有权利支配另一个人，或者另一种动物的生命呢？

承认动物的伟大

总之，人的哪一种长处不可以在动物的行动中找到？还有什么比蜜蜂的工作更加按部就班、有条不紊的？这种各司其职、密切配合的协作，我们怎么能够想象没有理智、没有策划也可以进行的呢？

还有燕子到了春天飞回来，在我们房屋的各个角落探测，它们在千百个地方寻找和选择最适宜它们筑窝的地方，难道是没有判断和识别的吗？再看那些美丽迷人的鸟窝结构，这些飞禽选择一个方框而不是一个圆框，选择一个钝角而不是一个直角，难道是不明白其中的特点和效果吗？它们有时含水，有时含泥，难道不知道泥掺上水会发软吗？（《雷蒙·塞邦赞》）

在大多数生物工程中，我们看到足够的例子，说明这些动物的智慧超过我们，我们的技术只能模仿它们。我们运用全部的心智和技巧，做出来的东西还是不及它们的细致。为什么我们做不到它们那样？为什么我们把超越我们天赋和技能的工作，归结于无法理解的天然性和盲目性呢？（《雷蒙·塞邦赞》）

当人类愿意承认自己在一些方面的确比不上动物的时候，我们就真的能学会和动物和平相处了。

动物是我们的老师

教育别人比受别人教育还需要更多的理智。根据德谟克利特的判断和证实，我们的许多技术还是动物教会我们的：蜘蛛教编织，燕子教盖屋，天鹅和夜莺教音乐，许多动物用实例教治病。（《雷蒙·塞邦赞》）

动物教会我们生存，给予我们快乐，我们却常常伤害它们，且不自知。

动物管家

在持家方面，动物比我们更有远见，知道为未来节约和储藏，还懂得管理家务必需的各种知识。蚂蚁看到它们的谷物和种子开始发霉和生味，害怕腐烂变质，会放到蚁穴外吹风晾干，它们防止种子发芽的方法可靠巧妙，超过人类谨慎的想象力。因为谷物不会永远干燥卫生，它们会发软、分解和渗出白色的液汁，慢慢长芽抽穗，蚂蚁害怕谷物变成种子，失去原有的品质，不能储存，会在抽芽的部位啃去一块。（《雷蒙·塞邦赞》）

动物的智慧远远超出人类的想象。所以，人类在以高高在上的姿态研究动物之前，还是先放低身子，好好向动物学习吧。

动物的高尚

至于精神高尚，举那条大狗作为例子是最清楚不过的了。有人从印度带来一条狗送给亚历山大国王。首先放出一头鹿要跟它斗，然后是一头野猪和一头狗熊。这条狗始终毫不在意，站在原地一动也不动，但是当它看到一头狮子，马上挺直四腿，显然表示这下他遇到了愿意较量的劲敌了。（《雷蒙·塞邦赞》）

至于宽大，则可以老虎与小山羊的故事为例。老虎是野兽中最凶残的。有人把一只小山羊关进它的笼子，老虎饿了两天还不愿意去伤它，到了第三天，老虎撕破牢笼，去寻找其他猎物，它把小山羊看作朋友和客人，不愿意伤害它。（《雷蒙·塞邦赞》）

不以强凌弱，既是一种仁慈之心，亦是对自我的尊重。动物尚且如是，人更应如是。

不滥杀动物

看着人家追杀一头无辜的野兽心里满不在乎，我实在做不到。野兽毫无防御能力，又没冒犯我们。经常出现这样的情况，麋鹿感到筋疲力尽，没有生路，会跪在追逐的人面前，用眼泪向他苦苦哀求。这对我是一种非常不愉快的情景。

我抓到一头活动物，总是把它赶回荒郊野外。毕达哥拉斯从渔夫和捕鸟人手里买下他们的猎物，也是这样放生。滥杀动物的天性也说明人性残酷的一面。（《论残忍》）

动物和人类一样，都是大自然的孩子，拥有平等的生存机会。如果我们能够停止伤害动物，或许就能停止伤害大自然，停止伤害身边的同伴。到那时，世界必将是另一番样子。

人类离不开宠物

我们经常为了失去所爱的动物而流泪，动物也会为了失去我们而哭泣。（《雷蒙·塞邦赞》）

其实，与宠物需要我们比起来，我们更离不开它们。动物不会为我们提供一个完整的人生，但它们会让我们的人生更加完整。

动物的忠诚

至于谈到忠诚，可以说世上没有一种动物像人那样翻脸无情。我们的历史上不乏义犬为被害的主人复仇的故事。皮洛士国王遇见一条狗守在一个死人旁边，听说它已经守灵守了三天，就下令埋葬了尸体，把那条狗带了回来。有一天他参加军队大检阅，这条狗跟着他，见到它的主人的谋杀者时大声吠叫，愤怒地追了过去。皮洛士国王从这条线索开始追查这件谋杀案件，不久以后，通过法律程序，使凶手得到了惩罚。（《雷蒙·塞邦赞》）

动物的忠诚会让惯于背叛的人类多么汗颜啊！

勇于悔过

至于认错和悔过，又有一头大象的故事。这头大象在盛怒之下杀死了它的主人，它为此那么哀伤，从此绝食直到死去。（《雷蒙·塞邦赞》）

从某种意义上说，人类惯于背叛并不可怕，可怕的是我们几乎从不认为自己犯了错。

通过上帝皈依上帝

如果信仰不是出于特殊的天赋，而是通过理念和人力来接受的，这种信仰就达不到尽善尽美的境界。当然我看我们还是只能通过这条道路享受信仰的乐趣。如果我们通过一种虔诚的信仰皈依了上帝，如果我们是通过上帝而不是通过我们自己皈依了上帝，如果我们的立足点与基础都是以神为主的，人的困扰就会失去原有动摇我们的力量。我们这座堡垒不会因微弱的炮火一击就拱手让人；新奇的追求，权贵的淫威，派别的建立，我们的意见急剧随意的改变，决不会动摇和改变我们的信仰，我们不会因听到了新颖的论据，在巧言善辩的人的劝说下信仰发生混乱。我们在风口浪尖坚定不移。（《雷蒙·塞邦赞》）

信仰必须是一种发自内心的精神皈依，而不应该是因为有利可图。否则，当我们真正身处困境的时候，谁也救不了我们。

克服宗教的功利性

但是我觉得这种做法不妥，怎么能以我们自己的事业顺利与兴旺来坚信和支持我们的宗教呢？我们的信仰有足够的其他基础，不用偶然事件来树立它的权威。因为老百姓听惯了这类头头是道、听了又称心如意的理论，当事与愿违，损及自己的利益时，就有可能动摇虔诚信仰。（《神意不须深究》）

上帝对信仰和宗教，而不是对我们的情绪给予神奇的帮助。人占了主导地位，在利用宗教。事情应该颠倒过来。（《雷蒙·塞邦赞》）

信仰应该是纯粹的，杜绝功利的。虔诚的信仰可以让一个人在经历磨难时，享受到心灵的平静；功利的信仰则会让一个人时常深陷内心的纠结之中。

相信自己

上帝亲口对我们说他通过可见的事物来表达他的不可见的工作。塞邦从事这份有价值的研究工作，向我们指出世界上无物不显示上帝的存在。如果宇宙不符合我们的存在，那就是违背了上帝的善意。天、地、元素、我们的肉身和我们的灵魂，一切物质在这一点上是一致的，只要找到使用它们的方法。如果我们能够领会的话，它们会开导我们。（《雷蒙·塞邦赞》）

大自然把所有创造物放在一个宇宙内，没有一个创造物不充分具备为了自身生存而必需的手段。（《雷蒙·塞邦赞》）

大自然早已赋予了我们获得幸福的能力，我们要做的就是相信自己，充分发挥自我的潜能。

靠自己

我的塞涅卡承认上帝给了人生命，安排好人生靠的则是人自己。这与西塞罗是相一致的，他说："我们夸耀自己的美德是很有道理的；只靠上帝而不靠我们自己，是不会有美德的。"（《雷蒙·塞邦赞》）

拿破仑曾说："他人多不足以依赖，要生存只有靠自己。"其实，从多考几分这样的小事，到实现人生理想这样的大事，一切的秘诀都在这三个字：靠自己。

信仰持恒

令我不悦的是看到他们饭前祝福、饭后谢恩都划三个十字礼（尤其叫我乐不起来的是这个我尊敬并常用的手势，他们在打哈欠时也用），而一天中的其他时刻看到他们怀着仇恨、做事吝啬、不正义。上帝的时间给上帝，其他的时间干坏事，仿佛在进行调配与补偿似的。同一个人干出这么不同的事来，在这些事的衔接与交替上不感到丝毫脱节与变化，看到这点真叫人叹为观止。（《论祈祷》）

那瓦尔王后玛格丽特谈起一位青年亲王的事，虽然她没有提到他的名字，他的显赫地位让人一猜就知是谁了。他出门跟巴黎一位律师的妻子幽会结欢，途中要穿过一座教堂。他干这个勾当，每次经过这个圣地都不会不祈祷和念经。我可以让你们去猜，满脑子淫乱思想，他利用神恩干吗？然而王后提起这事是为了说明他异常虔诚。（《论祈祷》）

信仰的虔诚，贵在内心持恒。如果一个人心中真的有信仰，很多时候，他是意识不到的，但时时刻刻都会按照信仰的要求行动。就像我们意识不到自己在呼吸，却一刻也没有停止呼吸一样。

不要接受恶

还必须怀着感恩的心情接受宽恕。至少在我们向神走去的那一刻，心中要对自己的错误感到愧疚，把唆使我们去冒犯上帝的邪念视作仇敌。柏拉图说："神与好人都不会接受恶人的礼物。"（《论祈祷》）

人必须以纯洁的自我踏入神的殿堂，而后，才能以纯洁的自我踏出神的殿堂。神和好人接纳忏悔的灵魂，不接纳邪恶的灵魂。

第五章

语言与人生

蒙田对语言颇为关注。对他来说，语言的艺术也是生活的艺术。《圣经·约翰福音》有言：“太初有道，道与神同在，道就是神。”道，即语言，是上帝的声音。这与西汉文学家扬雄在《法言·问神》中所说的“言，心声也”有异曲同工之妙。二者皆道出了语言的神性，即语言是灵魂的声音。

语言亦是行为的名片。中国古人多持“言行一致”观，认为言语不美，则行为鲜有美者。儒家有“孔门四科”之说，即德行、言语、政事、文学；左丘明在《国语》中说：“口之宣言也，善败于是乎兴。”由此可见，学说话是人生一门重要的功课，语言与人生直接相关。心灵美的人，语言才会美；心灵平和的人，语言才会平和。锤炼语言，须从净化精神开始。

语言需各尽其用

因而我们看到，有的人天生好口才，能说会道，就像大家说的出口成章，遇上任何场合都能应付裕如；有的人较迟钝，不事前考虑斟酌从不说一句话。女士要运动和健美，总是按照她们自身的特长制订规程，同样若要我在这两种不同的口才特点方面提出看法，我觉得在我们这个时代主要使用口才的是布道师和律师，说话慢的宜于做布道师，说话快的宜于做律师。因为布道工作允许他有足够时间准备讲稿，然后又毫不间断地循着思路说完；而律师职业随时随刻督促他如临大敌，对方无法预料的反驳会打乱他的阵脚，这时他必须随机应变，寻找新的对策。（《论说话快与说话慢》）

语言是人思维的体现。在蒙田看来，思维快的人，语速快，适合做律师；思维慢的人，语言慢，适合做布道师。《论语·公冶长》有言："今吾于人也，听其言而观其行。"听人言语，知人性情，而后才能知人善任。语言快慢，皆有所能，皆有所用。

说话的权利

生活就是我的工作、我的艺术。谁禁止我根据自己的感觉、经验和习惯来谈论生活，就像命令一名建筑师不根据他本人的见解，而是根据他的邻居的见解，不根据他本人的知识，而是根据另一人的知识来谈论房屋建筑一样。（《论身体力行》）

我对一切事物，包括超过我的理解和不属于我涉猎范围的事物自由地表达意见。当我有所表示，并不是指事物本身如何，而是指本人见解如何。（《论书籍》）

每个人都有权利以自己的方式谈论生活。在日常生活中，我们可以反对别人的观点，但无权限制他人发言的自由。

谈话与判断

当蒂迈欧要告诉苏格拉底他对上帝、世界和人的认识时，建议他们像两个普通人那样谈话，如果他的道理跟另一个人的道理同样说得过去，他就感到满足了：因为确切无疑的道理不掌握在他的手中，也不掌握在任何一个人手中。

他的一位同道是这样模仿他的话的："我尽我的可能说明自己的意思，并不是我的话像阿波罗的神谕那样肯定，不容置疑。我是软弱的人，我通过猜测去发现类似真的东西。"这里谈的是一个自然大众的话题——对死亡的蔑视。另外他又根据柏拉图的话演绎蒂迈欧："我们有时谈到神的本质和世界的起源，没有达到目的，这也不足为奇。我们只需记住：我说话，你判断，我们都只是凡人；我若跟你谈的只是可能性，你也不要有更进一步的要求。"（《雷蒙·塞邦赞》）

在交谈的时候，我们有时只是表达自我的看法。说话的是人，接受话语的也是人，因此，不能对别人的话求全责备；不能因为别人说出了错误的见解而责备别人。我们都表达了部分真理，因为，我们也仅仅只掌握了部分真理。

见解不可能永远正确

且看柏拉图写诗时腾云驾雾，里面的神也说切口和隐语。当他说人是无毛的两足动物时，他绝没想到会成为一些存心嘲弄他的人的笑柄：他们把一只活鸡的毛拔掉，称这就是柏拉图所谓的人。（《雷蒙·塞邦赞》）

但是克里西波斯和他的学派中的其他人，认为灵魂在心的四周，这个道理倒不应该忽视。他说："这是因为我们要保证某件事时，我们把手放在胃部；当我们要说'我'（希腊文）时，我们把下颌骨朝向胃部。"听了这段话没法不说这位大人物愚不可及。不说这些看法本身是多么浅薄，后面那个论点也只能叫希腊人信服他们的灵魂长在那个部位。人的见解不论如何高明，总有闪失的时候。（《雷蒙·塞邦赞》）

社会和时代在变化，人不可能把握住整个世界，故人对世界的看法难免有误。只要一个人的思考是认真的，见解是真诚的，我们就不能因为他的判断是错误的而责备他。

不要轻易下结论

脚下打滑的时候且慢下结论，这句老话不就是这个意思吗？像欧里庇得斯说的：上帝的著作各不相同，令我们无所适从。（《雷蒙·塞邦赞》）

在自己犹豫不定的时候，不要轻易下结论。西汉文学家扬雄曾说："君子不言，言必有中也。"（《法言·君子》）人说话要常常有"中"，才能赢得大家的信任。人需三思而行，言亦需三思而语。请不要让语言抢在思维的前面。

术业有专攻

跟人交流总能有所得益（这是世上最好的学校之一），我在旅途中采用这样的方法，把话题拉到对方最熟悉的事物上去。

让水手跟我们谈风，
农夫谈牛，军人谈身上的伤痕，
牧民谈羊群。

——意大利民谣

但是经常也有相反的情况，有人宁可选择妄谈他人的职业，而不是自己的职业，企图借此再给自己带来新名声。（《几位大使的一个特点》）

在实践和商讨这门学问时，我们不妨把毕达哥拉斯的话看作可以相信的：每一位学者只有在谈自己的专业时才是可以信赖的。辩证学家在谈文字的意义时要请教语言学家；修辞学家要向辩证学家借用论证的方法；诗人向音乐家学习节拍；几何学家向算术家讨教比例；形而上学家把物理的推测作为基础。因为每一门学科都有预设的原则，在这些原则上人的判断处处受到限制。如果你撞上了存在原则错误的这条栏杆，他们嘴里早已准备好这么一句话：跟否认原则的人没法讨论。（《雷蒙·塞邦赞》）

要想在与人交谈的过程中学到东西，收获快乐，就必须脑子里有自己擅长的东西，心里有承认自己在某些方面不如人的谦逊。

撒谎太累

我经常见到这样的事，有意思的是吃亏的总是那些以花言巧语为常事的人，他们说话随机应变，时而要做成在谈判的生意，时而要取悦在说话的大人物。他们让自己的信仰与良心服务于千变万化的情境，语言也时时不同；同一件东西，他们可以一会说黑，一会又说白；人前人后两面三刀。把这些人相互矛盾的说法加以比较，这类花招又会怎样呢？且不说他们经常陷入混乱，他们自己在同一件事上编造了那么多不同的情节，要有怎么样的记忆力才能记住它们？（《论撒谎》）

说谎是一件很累的事。因为一个谎言说出口，必然需要用更多的小心谨慎和更多的谎言来支撑。要想长久地拥有他人的信任，要想享受大胆说话的快感，诀窍只有一个：说真话。

必须懂得适可而止

一旦人家开了口，那就很难叫他结束或中断讲话。最佳观察马力的办法，莫过于看它能不能漂亮地收住脚步。我还看见有的人说话很有分寸，就是不能够刹住话头。他们寻找机会要把话说完时，还是废话说个不停，拖拖沓沓像个体力不支要跌倒的人。（《论撒谎》）

再美的东西，看多了也会觉得平淡无奇，语言也是一样。即使是最华丽、最中听的语言，如果不懂得节制，也会损伤它的美。

不要添油加醋

可是我发现，我掌握在手的话题若遇到别人诘问或自己说得起劲，就会兴奋激动，于是通过声音与动作，凭借语言的气势与力量来强调和突出主题，有时还东扯西拉，不免要损害原始的真实性。于是我给自己定下条件，谁第一个碰到我，问我不加虚饰的赤裸裸真相，我立即不受拘谨，把事情告诉他，不夸张，不添油加醋。（《论跛子》）

语言在传播的过程中难免扭曲变形。言语者根据自我的好恶，不是对其夸大，就是将其缩小。保持语言的原汁原味，才能还语言以本色。

不搬弄是非

我对一方不能说的话，不会找个适当时机，变换一下腔调，对另一方去说。我只转述毫无区别或共知的事情，或者对双方都有利的事。凡是有用的事，我不用向他们撒谎。交代我保密的事，我都深藏心底，但是也尽量少去沾边。（《论功利与诚实》）

人切勿搬弄口舌，否则，犹如玩火自焚，必会灼伤自己。如果人人都能做到“非礼勿听，非礼勿言”（《论语·颜渊》），我们的社会就会美好许多。

不要随便做出承诺

有人往往愚蠢地穿上紧身衣束缚自己，其实还不如穿披风跳得远。（《论虚空》）

不要为了讨好别人而承诺自己办不到的事情。你的承诺或许能给予他人一时的快乐，但最终期望的落空，会无限扩大别人对你的失望。

过高的允诺，是束缚自我的枷锁。

不履行诺言的权利

如果我们作出的诺言是恶的和不公正的，个人的利益有权力原谅我们不去履行。因为美德的权利应该超越义务的权利。（《论功利与诚实》）

我们有兑现诺言的义务，也有不履行诺言的权利。但后者只在我们意识到之前的诺言有违道德准则的时候，方可以施行。

撒谎的本质

我知道语言学家认为“说的不是真话”与“说谎”是有区别的；还说“说的不是真话”指说的是一件假事，但说的人把它当作了真事；而“说谎”这个词的定义在拉丁语（法语源自拉丁语）中，还含有“违背良心”的意思，因而只是指“说话违背自己所知之事的人”，我说的是这样的人。所以这里谈到的人是那些编造部分或全部故事的人，或者隐瞒和歪曲真相的人。（《论撒谎》）

说谎是一种故意的行为，与无意中的假话，有霄壤之别。说谎，是人的良心在说谎。

说谎的代价

我不明白有人成天弄虚作假、巧言令色图的是什么，除了到头来就是说真话也没有人会相信。骗人只可能一次或两次。（《论自命不凡》）

我说谎对自己造成的伤害，要比我为之说谎的人造成的伤害还多。（《论自命不凡》）

如果一个人谎话连篇，终有一天，当他说真话的时候，大家也会认为他是在说谎。

杜绝孩子撒谎

说谎确实是一个令人痛恨的恶习。我们只是有了语言才成了人，相互维系不散。如果对说谎的可恶可怕有所认识，就要对它比对其他罪行更加猛烈地谴责。我觉得我们平时对小孩子无所谓的错误给予很不适当的惩罚，对他们并不造成严重后果的一时鲁莽严加管教。说谎本身，稍轻一些的还有顽固，我觉得这些事都必须随时防止其产生与发展。这些缺点会跟着他们成长。一旦说话不诚实，革除这个习惯就会难得出奇。（《论撒谎》）

对于不小心打碎花瓶这样的无心之过，家长无需大加责罚；应该认真对待的，是孩子为掩盖打碎花瓶的错误而撒的谎。

为争论而争论

他们提出他们的论点，只是为了跟他们认为我们深信不疑的论点进行交锋。假使你采用他们的论点，他们也很乐意去支持相反的论点：一切对他们都是一样的，他们没有什么要选择的。你若说雪是黑的，他们争辩说雪是白的。你若说雪既不是黑的也不是白的，他们就会坚持雪既是黑的又是白的。如果你从某一判断来说什么都不知道，他们就会肯定你是知道的。是的，如果你对一条公认的原理表示怀疑，他们就会跟你辩论说你并没有怀疑，或者你不能够确定和证明你是在怀疑。（《雷蒙·塞邦赞》）

看到上帝也不是万能的，对人也是一个不小的安慰。因为上帝想死也不是能够自杀的，而自杀是人在世上最大的福气。上帝没法让会死的人不死，让死去的人重生，让活过的人不活，让接受过荣誉的人没有荣誉，对过去除了遗忘以外也没有其他权力。……一位基督徒应该避免这样去说，然而事情恰恰相反，人好像就是追求这种

说话的疯劲，要把上帝拉下来跟人一样。（《雷蒙·塞邦赞》）

如果为争论而争论，任何交谈都会失去它的意义，语言只能沦为逞口舌之快的工具。

话语的意图

任何合理公正的意图本身就是自然的、温和的，不然就会变质成为煽动性的和不合理的。这使我走到哪里都昂首阔步，心胸坦荡。（《论功利与诚实》）

不论什么世纪，淳朴与真诚总有机会被人接受。而且，不谋私利的人心直口快，不会遭人怀疑和讨厌，真正可以用上伊比里德的那句话，雅典人埋怨他说话粗暴，他回答说：“先生们，不要看到我直言不讳，而要看到我直言不讳并不是在谋一己之利。”（《论功利与诚实》）

西汉文学家扬雄有言：“言，心声也；书，心画也。声画形，君子小人见矣。”（《法言·问神》）言为心声，人是用灵魂在说话。一个人，即使说了错话，只要他意图是好的，就应该得到原谅。

坦白的语言

自由大方的坦白可以使谴责减弱，使诽谤无计可施。（《论虚空》）

对错误的遮掩，反而会招致更大的攻击。与其被别人揭露错误，不如自己坦白错误。坦白的语言，具有巨大的力量，它使说者自由，使听者信服。

不要轻易谴责

有的事你没亲自经历过，也没通过别人体验过，就加以谴责，岂不是太天真了吗？（《探讨哲学就是学习死亡》）

我们的确有谴责他人的权利，只不过，我们的谴责应该言之成理、持之有据。我们不能无端地谴责别人。对我们不懂的事物，保持沉默比妄言妄语更能赢得别人的尊重。